指南针

负责指北

一切从目标开始

いちばん大切なのに誰も教えてくれない段取りの教科書

〔日〕水野学 著

曹倩 译

天地出版社 | TIANDI PRESS

图书在版编目（CIP）数据

一切从目标开始 /（日）水野学著；曹倩译. —成都：天地出版社，2021.11
ISBN 978-7-5455-6283-5

Ⅰ.①一… Ⅱ.①水…②曹… Ⅲ.①工作方法 Ⅳ.① B026

中国版本图书馆 CIP 数据核字（2021）第 029850 号

ICHIBAN TAISETSUNANONI DAREMO OSHIETEKURENAI DANDORI NO KYOKASHO
by Mizuno Manabu
Copyright © 2018 Mizuno Manabu
Simplified Chinese translation copyright © 2021 by Beijing HuaxiaWinshare Books Co., Ltd., a division of Tiandi Press
All rights reserved.
Original Japanese language edition published by Diamond, Inc.
Simplified Chinese translation rights arranged with Diamond, Inc.
through BARDON-CHINESE MEDIA AGENCY.

著作权登记号　图字：21-2020-103

YIQIE CONG MUBIAO KAISHI

一切从目标开始

出 品 人	杨　政
作　 者	[日]水野学
译　 者	曹　倩
责任编辑	王　絮　霍春霞
封面设计	金牍文化·车球
内文排版	冉冉工作室
责任印制	王学锋

出版发行	天地出版社 （成都市槐树街 2 号　邮政编码：610014） （北京市方庄芳群园 3 区 3 号　邮政编码：100078）
网　　址	http://www.tiandiph.com
电子邮箱	tianditg@163.com
经　　销	新华文轩出版传媒股份有限公司
印　　刷	三河市兴博印务有限公司
版　　次	2021 年 11 月第 1 版
印　　次	2021 年 11 月第 1 次印刷
开　　本	787mm×1092mm　1/32
印　　张	8.5
字　　数	169 千字
定　　价	49.80 元
书　　号	ISBN 978-7-5455-6283-5

版权所有◆违者必究

咨询电话：(028) 87734639（总编室）
购书热线：(010) 67693207（营销中心）

如有印装错误，请与本社联系调换。

相模铁道 20000 系车厢照片

久原本家　茅乃舍 Logo、包装

熊本县官方吉祥物 © 2010 kumamoto pref. kumamon

TOKYO CHOCOLAT FACTORY   I'll Co., Ltd.

我能够没有压力地顺利开展工作，得益于有序安排工作。

开始工作前能否制定出目标,决定了工作的成败。

前言 / Preface

有序开展工作明明是最重要的事,
却没有相关的教科书

"工作效率低下!"

"工作杂乱无序!"

"团队没有凝聚力!"

如果你有这些烦恼,那么这本书会为你提供帮助。

我是一名创意总监。简单来说,我的工作就是"通过设计,帮助企业塑造品牌形象"。至今为止,我参与过中川政七商店、诞生了熊本熊的"熊本 Surprise"活动、永旺的"Hóme Cóordy"、相铁集团及茅乃舍的品牌形象重塑等诸多项目。

我认为自己属于工作繁忙的人。我很荣幸能够得到这么多企业的信赖。直至今日,我依然同时进行着几十个项目。

面对不同的项目，我要与不同职业、不同行业、不同立场的人打交道，处理的工作涉及餐饮业、服装业、铁路、杂货、家具等众多领域。

我虽然每天都要开展许多工作，还要与各行各业的从业者沟通，但从未感到过压力。我和我的团队都能够顺利地推进工作。这是为什么呢？

我的工作不是我一个人按照自己的想法随意开展的，如果那样的话，设计项目毫无疑问就会以失败告终。

我能够没有压力地顺利开展工作，得益于有序安排工作。"有序安排"这个词可能听起来不够时髦，但在工作中是至关重要的。我的团队在开展某项工作前都要制定工作目标，认真计划好工作内容，预先设想到所有可能出现的突发情况，然后按照计划和时间节点逐一完成。

如果我们不能有序安排工作，那么工作永远都是忙碌无序的。我们每天可能遇到各种问题，整个项目像断线的风筝乱飞一样，不知道朝哪个方向开展。

有序安排工作是工作中最基本的事项。但不知道为什么，无论是学校还是公司，都不会教我们如何有序安排工作。于是，我产生了一个想法：既然没人教，我就写一本关于有序安排工作的"教科书"吧。这个想法就是写这本书的契机。

有序安排工作就是将工作程序化

在后文，我会详细地为各位读者介绍如何有序安排工作，在这里简单提一句，我认为，所有的工作都是一样的。

我知道肯定有人不赞同我的这个说法，他们可能会这样反驳我："你这个说法不对啊，文具设计和服装设计完全不是一回事。""铁道公司的品牌形象塑造和 Logo 的制作大相径庭呀。"其实，不论相差多大的项目，它们的本质都差不多。虽然每个项目从表面上看不同，但工作的大框架和本质是相同的。

可能我的职衔"创意总监"中的"创意"二字会让大家误解，但我每天的工作并不是不断创造新东西，我自己从未这么想过。事实上,"新东西"并不是那么容易出现的。当然,突发性的事情总会发生,但这是我们能够预料到的。

我们只要将所有的事情都按"程序"推进,每天就可以顺利地开展工作。我们要做的只是完成眼前应该做的事情,每天按照计划完成当天的"任务",工作进度自然会不断推进。

可能有人会质疑我的说法:"工作能这么随随便便地做吗?"大家误会我的意思了。我想说的正好相反,正是因为**每次都按照程序推进工作,我们才能获得更好的解决方案、更有意思的创意。**

有序安排工作,换句话说就是将工作程序化。

通过有序安排工作,将工作程序化,打好基础,工作效率便会随之提高。

反之,如果我们没有有序安排工作,每次都要重新开始规划,那么工作自然容易混乱不堪。我们的大脑是混乱的,不清楚什么才是正确的做法,那么我们推进工作时只能走一步算一步,毫无计划可言。这才是草率地完成工作。

我们只有有序安排工作，才能夯实工作的前期基础，更好地完成工作。

为了完成工作，开始有序安排工作吧

有序安排工作的目的是完成工作。

创意总监并不是只需要拿出创意就能获得别人的认可。拿出创意后，还要让这个创意成形并问世，才算真正完成工作。

我们如果能够做到有序安排工作，就不会出现中途受挫、半途而废的情况了。

自从开公司，我对完成工作就有了强烈的责任感。**无论多么好的创意、多么优秀的设计，只要没有将其做成成品，就没有意义，自然也就无法赚钱。**因此，完成工作是一件至关重要的事情。

我们要按照时间的先后顺序规划好接下来该做的事情、该做还未做的事情，并确认是否采取了明确的措施，然后按照计划贯彻执行。我们只有有序安排好每一件事，才能将工作彻底完成，才能说我们做好了一份工作。

或许很多人能够顺利开始一个项目，但能够彻底完成项目的人并不多。可以说，我们如果能够有序安排工作，就能够与大多数人拉开差距。

越是怕麻烦，越要有序安排工作

每当我说"无论什么工作都先安排好再做"时，总会有人觉得我是个一丝不苟、不怕麻烦的人。其实恰恰相反，我是个非常怕麻烦的人。

可能有人要问："你既然怕麻烦，为什么还要提前制订计划、做好安排呢？"这是因为从结果来看，只有提前安排好工作，后续工作才不会麻烦。

如果我们以"哎呀，还要考虑怎么安排工作，太麻烦了，想到什么就做什么吧"这种心态开展工作，那么，毫无疑问，工作效率是低下的。而且，在这种状态下，我们不可能做出高质量的东西。草率地开始工作还会造成沟通不畅，导致团队无法齐心协力，增大反复确认或返工的可能性。

怕麻烦的人虽然很讨厌需耗费精力和时间的事情，但如果事先不认真安排好工作，就会增加徒劳之事，耗费更多的时间。

"讨厌做徒劳无功的事情，讨厌耗费时间，但是希望能在期限内完成高质量的工作。"如果你跟我一样有这种"私心"，就说明你有成为有序安排工作的专家的潜质。**越是怕麻烦的人，越有必要有序安排工作**，甚至可以说，有序安排工作对这类人来说是必不可少的。

通过我简单地介绍，各位读者朋友是否对有序安排工作有了一些了解呢？

那么，我们赶紧进入正文具体看一看吧。

目录 / Contents

第一章 有序开展工作要从确定目标开始

1 制定项目的目标 / 003

是否制定好了工作目标 / 004

设计出一个 Logo 就是最终目标吗 / 006

经常抱有怀疑的态度 / 008

转变思路,寻找更优解 / 011

想象顾客会说什么 / 014

2 借助视觉共享目标 / 016

借助图片想象目标 / 017

确定"成品的概念图" / 020

一个项目怎样才算成功 / 022

要很有逻辑地解释"为何会这样" / 024

3 设想 100 年后的事情 / 027

事先设想结果,是成败的关键 / 028

真的有那个必要吗 / 030

设想项目结束后的事情 / 032

设想商品或项目的"寿命" / 034

花时间慢慢使它改变 / 037

根据相似的案例去"预测" / 040

4 将"目标"的清晰度提升至极限 / 043

目标客户群会阅读什么杂志 / 044

变身成目标客户群去思考 / 048

采用"自上而下"的方法,工作自然能够有序开展 / 051

第二章 为了有序开展工作,绘制出抵达目标的"路线图"

1 所有的工作都是程序化的 / 057

不可能每天都做新的事情 / 058

所有工作的本质都相同 / 061

工作中的问题和麻烦也可以模式化 / 065

2 程序化让我们工作起来游刃有余 / 068

让工作更加程序化、模式化 / 069

将工作程序化,有助于提高工作质量 / 072

确定好框架,有助于保质保量完成项目 / 075

通过减少选项,减轻压力 / 077

不能总想着做一鸣惊人的事 / 081

3 创意理念是一个项目的"警察" / 084

用简单易懂的语言描述出创意理念 / 085

创意理念要为大家带来梦想 / 090

注意"对语言理解"的不同 / 094

4 所有工作从了解开始 / 096

"准备"占有序开展工作的 90% / 097

做好充分的调查 / 100

将纯粹的好奇心作为武器 / 102

成为最棒的采访者 / 104

不要不懂装懂 / 107

茅乃舍的品牌形象重塑是从知识储备开始的 / 110

对想法进行"粗雕" / 114

决定"不做什么事" / 117

第三章 用最短的距离向目标前进 —— 有关时间与效率的几点问题

1 在所有工作中时间是最重要的 / 125

所有的工作都有时间刻度 / 126

比起创造出好的东西,遵守时间更重要 / 128

善于管理时间的人,也善于管理工作 / 130

2 要在截止时间前完成工作 / 133

截止时间,意味着在那之前完成所有的工作 / 134

养成明确截止时间的习惯 / 137

截止时间精确到哪天几点 / 140

设定一个"正式截止时间前的截止时间" / 143

3 为新工作提前准备好"时间盒子" / 145

将长期的项目视为"速食拌面" / 146

将工作放入"时间盒子"/ 149

4 不考虑这份工作是艰难痛苦，还是轻松愉快 / 153

工作全都是用"时间"来衡量的 / 154

像打麻将一样机械地思考 / 157

5 如何让计划顺利实施 / 159

安排时间时要留有余地 / 160

每隔 3 小时重新审视一下时间安排 / 163

制作时间安排表 / 166

第四章　为了给大脑留白，我们要有序安排工作

1 为什么有序开展工作很重要 / 173

把想法从大脑中提取出来 / 174

有序开展工作，给大脑留白 / 178

通过万全的准备，为大脑创造空白 / 181

2 不要将工作一直积攒在手里 / 183

尽可能缩短持"球"的时间 / 184

即便完成度很低,也可以提交 / 186

不要一次性考虑多件事情 / 188

创造能够集中精力的环境 / 191

不要妄想再拖延一会儿就会出现更好的创意 / 194

3 事先协商,有利于最大限度地提高效率 / 196

当场拿出一个方案 / 197

迅速回复,有利于做好工作 / 200

第五章 团队成员齐心协力向着目标努力

1 建立超越团队的伙伴关系 / 205

将外部人员看作自己团队中的一员 / 206

先试着与客户成为伙伴,再谈工作 / 209

在团队中摒弃上下级关系 / 213

2 团队全体成员朝着同一个方向努力 / 216

整个团队一起推进工作,就是完成约定 / 217

通过共享,提高工作质量 / 220

3 真诚的交流能够让团队沟通更顺畅 / 223

有序安排工作时不要"看脸色" / 224

是否知道"这项工作应该什么时候完成" / 226

4 让团队领导更容易有序开展工作的小技巧 / 228

下指示时告知下属所需时间 / 229

通过商量,提高工作效率 / 231

避免个人主义的表达 / 235

后　记　你的工作会给别人带来幸福 / 237

第一章 / 有序开展工作要从确定目标开始

1
制定项目的目标

① 开始工作前能否制定出目标,决定了工作的成败。
② 我们要尽可能地将项目的最终成果想象得具体而切合实际(可视化)。
③ 我们决不能放弃寻找达成目标的最优方案。
④ 我们要想象,看到这个项目的成品后,他人会做何反应,说什么话,露出什么样的表情。

是否制定好了工作目标

在考虑有序开展工作前,我们先试着分析一下工作到底要做什么。

工作的内容可以分为以下三大方面:

① 制定目标;
② 绘制抵达目标的路线图;
③ 抵达目标。

一般情况下,如果我们按照恰当的流程工作,就可以称为"有序开展工作"。人们往往因为没有很好地完成①与②,最终无法顺利地完成工作。

在目标尚未明确时就贸然开始工作,好比什么都没准备好就开始爬山一样。我们如果爬山爬到一半,突然发现自己没搞清楚究竟要爬哪座山,就麻烦了。我们如果中途发现自己爬错了山,就更不像话了。

因此,做事情前先制定好目标非常关键。对于工作来说,明确的目标至关重要,开始工作前能否制定出目标,决定了工作的成败。

那么,我们该如何制定工作的目标呢?针对这个问题,我的回答是"凭借想象力"。不过,这个"想象"不能是笼统模糊的,必须具体而切实。

设计出一个 Logo 就是最终目标吗

接下来，我将以熊本熊为例，为大家讲述我的设计流程。

当初，熊本县曾找县宣传顾问小山薰堂商量如何宣传熊本县的事情。

小山薰堂曾于 2011 年配合九州新干线的全线开通，提出了一套名为"熊本 Surprise"的宣传方案。这场宣传活动鼓励当地人一起发掘熊本的好地方和好东西，并对外宣传。

当时，这场活动收集到了当地人提供的许多"熊本的好地方"和"熊本的好东西"。熊本县还打算在当地的土特产等商品上贴上"熊本 Surprise"的 Logo，以期激发人们的购买欲。

我接到的工作便是设计"熊本 Surprise"的 Logo。

当时小山熏堂向我介绍了这场宣传活动,我自己仔细地翻阅了相关的资料。有一件事令我纠结不已:仅仅建一个网站、设计一个 Logo,就能起到很好的宣传作用吗?我虽然带着这样的疑问,但最终还是完成了 Logo 的设计。

眼看就到做企划报告的阶段了,我仍在考虑"有没有能够有效推广熊本 Surprise 的手段"这样的问题。

经常抱有怀疑的态度

我们要尽可能地将项目的最终成果想象得具体而切合实际（可视化）。 比如，我在设计"熊本 Surprise"的 Logo 时曾在脑海中想象，我站在土特产店里，看到店里有许多箱子，箱子上都贴着"熊本 Surprise"标签。如果我是消费者，看到这些后有购买欲吗？在水果店的店头整齐地摆放着哈密瓜、西瓜、西红柿等果蔬，这些果蔬上都贴着"熊本 Surprise"标签。如果我是消费者，会因为是熊本县产的农产品就购买吗？

说实话，像"大间的金枪鱼"这类著名产地产的东西，我可能会有购买欲。但是，光在西瓜上贴一个"熊本 Surprise"的标签，这无法激起我的购买欲。

如果是这样的话，那么还不如请人站在那里，双手拿着西瓜或者哈密瓜大声叫卖"熊本的水果很好吃哟，大家快买来尝尝吧"更有效果。比起贴标签，还不如请促销员宣传更有效。

"谁能胜任促销员的工作呢？"

我一下子就想到了东国原英。

那时，东国原英作为宫崎县的知事，还担任了"宫崎县宣传队长"，在媒体上非常活跃，对宫崎县起到了很好的宣传作用。如果熊本县也有这么一个人物就好了。但我左思右想也想不到合适的人选。于是，我才萌生了创造一个吉祥物来当熊本县的"形象大使"这个创意。

直觉告诉我，吉祥物在人们眼前卖力地宣传，能够带动气氛，抓住人们的眼球。

因为是为熊本县设计吉祥物，所以我觉得吉祥物跟"熊"有关系更有趣。于是，我在家穿着睡衣，趴在电脑前开始设计。草稿画好后，我立刻将其发给工作人员，开始进行设计方案的定稿，并迅速做了企划报告。

一开始,并没有人要求我为这个项目设计吉祥物,最初连熊本熊的影子都没有。我想象项目的目标时,发现比起只贴一个印有"熊本 Surprise"Logo 的标签,设计一个吉祥物来宣传熊本,更直观形象且有效。

我经常抱有怀疑的态度。我经常自我怀疑"真的是这样吗""还有没有更好的做法"等,然后通过想象具体而切实的目标来探索解决问题的方法。我认为,这是行之有效的做法。

转变思路，寻找更优解

在想象目标的时候，也就是寻找答案的时候，人往往容易局限在某一个想法中。

但这个世界上的交通工具不只有飞机，还有新干线。没准儿未来还会发明出哆啦 A 梦的任意门。

我们决不能放弃寻找达成目标的最优方案。

我曾经参与了一个"吸引顾客来农场消费"的企划案。这个企划案的目标是吸引顾客来农场体验挤牛奶、采摘蔬菜等有趣的农活儿。

一般来说，这时大家会开始考虑农场的设计方案，以及什么样的设计可以吸引顾客前来。但我听到这个企划案的瞬间,我的直觉告诉我:如果设计一个农场,可能很难长久地吸引顾客。

人们虽然经常听到"农场体验"这样的地方,但一般去一次就不会再去了。我觉得"人们会一直去农场玩"根本就是幻想罢了。

人们即便要去农场玩,也不会每个星期都去。即使这个企划案能够引起一时的轰动,也会因为人们的新鲜感消失、流行潮退去而导致农场关门,没什么意义。所以,这个企划案的目标是吸引人们经常来农场玩。

于是,我开始思考:什么地方能让人们每个星期都去玩呢?

我想到的答案是"公园"。

虽然本质上做的还是同样的生意,但如果打出"公园"的招牌,是不是就能吸引人们常来了呢?我提出了自己的假说。

虽然名义上是公园,但里面有牛、有菜园、有面包作坊,游客可以体验挤牛奶、摘圆白菜、自己动手做面包。如果有这样一个公园，那么游客入园后的体验该多么有趣啊！纽约的中央公园也是因为紧挨着餐饮店才能有络绎不绝的游客。所以我的想法是，比起"农场"，打造一个"公园"更能吸引人们前来。

我在接到工作时，往往先从怀疑开始。我对99%的事情都会怀疑，这已经成为我做事的习惯了。对待这个企划案亦是如此。我先开始怀疑其是否具有可持续发展性，然后转变思路，从设计"农场"变成了打造有趣的"公园"。

我上面讲的案例是如何通过转变思路想出创意，这对我们快速推进工作有巨大的帮助。

很多人都在寻找答案上花费了大量的时间，无法有序安排工作。如果我们能放弃步行的想法，并找到像坐飞机或新干线一样可以快速到达终点的创意的话，工作效率就会大幅提高。

想象顾客会说什么

那么,该如何转变思路呢?

当我听到要打造一个"农场"时,我想象的是自己推着婴儿车来到某某农场的画面。

当我具体想到那个画面时,我产生的想法竟然是"我才不想推着婴儿车去那种地方"。

人们往往很重视自己过怎样的生活和去什么地方玩。对于居住地,很多人都希望住在湘南地区或横滨之类的地方。这说明,大家都很关注"如何为自己增值"。现在流行的照片墙(Instagram)这类社交软件也是在这种想法下发展出来的吧。因此,对于现代人来说,"我要推着婴儿车去哪里"是一件很重要的事情。

我们要想尽快得到答案,就要尽全力想象成品,还要考虑"看到成品的人"会怎么想。也就是说,我们要想象自己是消费者、顾客。

我们要想象,看到这个项目的成品后,他人会做何反应,说什么话,露出什么样的表情。这样一来,我们自然而然就能接近答案了。

2

借助视觉共享目标

① 一张图片能够汇集大量语言描述的信息。
② 如果产品概念尚未确定,那么从"成品的概念图"的角度考虑会更容易一些。
③ 在考虑设计包装前,应该清楚地认识到"怎样才算成功",并将这个"目标"与整个团队中的人共享。
④ 虽然最终呈现的效果是视觉上的产物,但我尽可能地向别人阐述之前的过程。

借助图片想象目标

无论工作流程安排得多么密集,如果连最基本的目标都搞错了,做的就是无用功。

因此,想象目标是什么并确定正确的目标至关重要。

我在想象目标时,经常会用到谷歌的图片检索功能。比如,当我要做前文提到的"公园"这个项目时,我首先会用"漂亮的公园"这个关键词在谷歌上搜索图片,许多相关图片一下子就会映入眼帘,然后我会在大量的图片中选取自己中意的。如果我觉得这个公园到处都是绿色植物,很漂亮,就会把这张图片保存下来;或者觉得那个公园有紫藤花架子,充满日式风情,我也会保存那张图片。

虽然可以用语言描述工作目标,但仅仅说出"公园"二字，精确度太低了。

一张图片能够汇集大量语言描述的信息。比如，即便再舌灿莲花地用语言描述"在日光尚有一丝残余的傍晚，樱花树旁的灯被点亮，潺潺的小河从红色小桥的左前方流向右边的深处。没有被光照到的地方是岩石"这种画面，也不如让对方直接看图片明白。

因此，在做设计时，**我首先会做的事情是将成品的概念视觉化**。自己到底想要什么样的效果，仅靠语言容易表述不清。

或许有人可能会反问："将成品的概念视觉化，不就是设计师的工作吗？"我在这里想说的是，通过将成品的概念视觉化，就能看到这份工作分几步完成。而这张图片甚至会成为帮助我们确认这份工作的难易度、工作速度、预算等诸多细节的根据。

我认为，"先查找图片"这个做法不仅适用于设计工作，也适用于所有项目。

可能也有人觉得，如果自己查找了图片，自己的想法就会被局限住。我认为,如果想法被固定了,那么或许这个想法是合适的。

如果某个图片正好符合设计要求,先固定下来也无妨。 如果之后我们又有新的提案,或者客户有了新的要求,再修改就可以了。虽然最后我们可能会做出两个方案,但这完全没有问题。

创意分为"扩展"和"锁定"两个步骤。

确定目标前,首先要进行"扩展"。这就像展开地图选定大方向一样,我们要先试着探索往哪个方向走,是去美洲,还是欧洲。

大致方向确定后,接下来要做的就是锁定具体目的地。我们要去纽约,还是华盛顿。

如果最终有两个目的地,我们就分别朝两个方向走走看。

确定"成品的概念图"

经常有人说"要从产品概念开始考虑怎么设计"。如果产品概念已经定下来了,当然可以这样做;如果产品概念尚未确定,那么从"成品的概念图"的角度考虑会更容易一些。

我们曾设计过"TOKYO CHOCOLAT FACTORY"这款东京伴手礼的包装。这款伴手礼的设计方案便是从查找图片(即收集资料)开始的。

因为这是一款巧克力,所以我们收集了许多巧克力的图片。在这个过程中,我们发现杰克丹尼(Jack Daniel's)威士忌的包装看起来很不错,因此,我们还找了许多与这款威士忌包装相似的图片。

在这个阶段,我们便着手设计了一款风格简约帅气的外包装，有点儿类似歌帝梵（Godiva）巧克力或杰克丹尼威士忌那种充满男性荷尔蒙气息的设计感。

之后，我的妻子（公司制作人）看到包装后表示："我才不会买这种包装的产品，设计得更可爱一点儿不好吗？"虽然包括我在内的所有工作人员对我妻子的这个评论都感到很吃惊，但多亏了她的直言不讳，我们才能最终设计出令人满意的包装。

当时我的脑海中还有另外一个创意——虚构的巧克力工厂。我一边想象着虚构的巧克力工厂的样子，一边查找我觉得与此相近的图片，比如美国的康尼岛、佛罗里达的迪士尼乐园那样的游乐场，游乐场里悬挂着许多彩灯。我当时收集了许多这种氛围的图片。

我当时想到的"TOKYO CHOCOLAT FACTORY"包装纸的创意是"游乐园门票"。这款伴手礼的创意灵感来自巧克力工厂，而这个巧克力工厂是一个像游乐园一般的场所，所以包装纸做成游乐园门票的样子更符合整体的创意。

一个项目怎样才算成功

话又说回来,"TOKYO CHOCOLAT FACTORY"这个项目到底怎样才算成功了呢?也就是说,这个项目的"目标"到底是什么?

有时候,有些设计团队会把所有精力花在设计上,却并没有好好思考项目的"目标"是什么。我曾问过其他设计师:"一个项目怎样才算成功?"得到的答案是:"如果能够满足客户提出的销售数量或销售额就算成功了。"于是我告诉对方,这个想法是错误的,一个项目的目标绝非追求销售数量或销售额。能够达到客户要求的销售数量或销售额,并不是"目标",而是"结果"。

在商场上,人们往往会搞混"结果"与"目标"。

我认为,"TOKYO CHOCOLAT FACTORY"这个项目的目标应该是"成为东京最棒的伴手礼"。

虽然我一直居住在东京,但提到"东京的伴手礼"总是想不到很合适的东西。

这次要设计的这款产品是将年轮蛋糕与巧克力结合在一起的甜品,这种甜品几乎没人不喜欢。我认为只要搭配上一个出色的包装设计,说不定就能使它"成为东京最棒的伴手礼"。

我甚至还在想,如果这款"TOKYO CHOCOLAT FACTORY"卖得好,那么人们对东京的印象可能会变得更好。虽然可能效果微乎其微,但绝对是有积极影响的。那么,对于这个项目,究竟怎样才叫成功呢?我认为让"TOKYO CHOCOLAT FACTORY"成为一款"东京最棒的伴手礼"才叫成功。

我认为,**在考虑设计包装前,首先应该清楚地认识到"怎样才算成功",并将这个"目标"与整个团队中的人共享。**这对于整个项目的推进无比重要。

要很有逻辑地解释"为何会这样"

提到设计师、创意总监,或许在人们的印象中他们都是靠直觉和灵感工作的。

很多人可能都认为设计师或创意总监对于"为何选用某个设计"这个问题回答不上来,他们可能会含糊其词地说:"没有什么为什么,就应该这样做。"

一直以来,对于"为何选用某个设计"这样的问题,我可以向别人有逻辑地解释清楚。

我以"TOKYO CHOCOLAT FACTORY"为例,为大家解释一下为何最终采用了这个设计方案。

首先,为了打造一款"东京最棒的伴手礼",我针对"东京"这个关键词进行了思考。

人们对于东京的印象可以分为以下三大类。

第一种是电影《永远的三丁目的夕阳》中描写的20世纪30年代昭和早期那种古老的印象；第二种是玻璃擦得铮亮的高楼大厦与新宿繁华的街道融会在一起的现代印象；第三种是像电影《银翼杀手》那种近未来都市的未来印象。

我开始思考，在这三种"东京印象"中，"过去""现在""未来"哪个印象更容易勾起人们的食欲，让人们产生这个东西"很好吃"的感觉？

在此期间，我去了一次位于新横滨的拉面博物馆，那种怀旧的氛围让我想起小时候街边吹着唢呐叫卖荞麦面的移动小摊子。而这份怀旧之情勾起了我的食欲。拉面博物馆里的店面都不是崭新得一尘不染的，装修得有那么一丝陈旧泛黄。这种接地气的怀旧感反倒让食客觉得拉面看起来更好吃了。于是，我发现"过去"的氛围带给人们的怀旧感**能令食物看起来更好吃**。

在搜寻"东京过去的印象"时，我找到了一个理想的答案——"工厂"。然后，我把"工厂"和"巧克力"这两个概念放在一起，自然而然就想到了电影《查理和巧克力工厂》，随之诞生了"TOKYO CHOCOLAT FACTORY"这个名字和对应的产品概念。

虽然很多设计乍一看是凭感觉创造的东西，但我总是努力做到能够有逻辑地解释"为何这样命名""为什么最终呈现出了这样的视觉效果"这些问题。这样做客户更容易理解我们的设计，并且更有利于我们找到正确答案。

我认定一件事该怎样做肯定是有理由的。

虽然最终呈现的效果是视觉上的产物，但我尽可能地向别人阐述之前的过程。我认为这样做非常关键。

3

设想 100 年后的事情

① 做事情如果不考虑目的,一味地按照别人的要求去做,就无法取得好的结果。
② 设想更长远的事情,适用于所有的工作。
③ 认真设想更长远的事情是让项目成功的秘诀。

事先设想结果,是成败的关键

在开始某项工作前,设想这项工作最终将以何种形式完成,某种意义上决定了这项工作的成败。这种设想不要模棱两可,而要尽可能扩大范围、详细具体。

比如有一项工作是委托你砍掉一棵杉树。一般来说,接下这项工作的人会开始思考该怎么砍、怎么安排时间这样的问题。但是,我接下这项工作时,考虑的是"把这棵树砍了会不会有问题"。

如果这棵树是受保护的,这就不是别人让我砍树我照做就可以的事情。即使森林管理员一再强调"这棵树可以砍,你就放心砍吧",我也要调查一下砍掉这棵树是否获得了批准。

即便是客户或者颇为信赖的工作伙伴拜托做的事情，我也要先考虑一下这件事是否涉嫌违法或歧视等最基本的问题，如果可以，最好把想到的问题彻底调查一下。

虽然以"公司的命令""上司让我做的"为理由，毫不怀疑地按要求做事有95%的可能性不会出事，但在如今的时代，剩下5%的可能性没准儿就会使你坠入深渊。所以**我们在做事前要以怀疑的态度开始。我认为带些消极的设想可能更好。**

幸好，如今我们可以通过发达的网络等渠道查到很多信息。希望大家不要忽视这一点，要尽可能认真落实。

真的有那个必要吗

接下来,我会考虑的问题是:**真的有必要砍掉这棵杉树吗?**

森林管理员找人砍掉这棵杉树的前提是,他认为"有必要砍掉这棵树,这样做是最佳选择"。于是,很多人会想当然地认为这样做毋庸置疑。但我会怀疑这个"毋庸置疑"是否正确。

虽然森林管理员表示,为了让整个森林更明亮一些,而要砍掉这棵杉树,但或许还有其他既能让森林明亮又不用砍掉这棵杉树的方法;或者比起砍掉这棵杉树,砍掉其他树更好等。

做事情如果不考虑目的,一味地按照别人的要求去做,就无法取得好的结果。带着怀疑的态度做事,已经成为我的习惯。

我建议大家,即便在公司任职,做事前也要先设想结果,思考"上司的这个指示是否真的有必要?是否是最佳做法?其他做法是否更有利于实现目标?"这些问题。

设想项目结束后的事情

除了前文提到的设想项目的完成形式,还有一件事情同样很重要,那就是设想这个项目结束后的事情。以前文砍树的例子来说,我们要设想"这棵树被砍掉以后会怎么样"。

任何事物都要维持一种平衡。

如果砍掉这棵杉树,森林的生态系统可能就会发生改变。这棵杉树可能一直以来都为居住在森林里的鹿提供休憩的场所。如果砍掉这棵树,鹿就失去了栖身之所,它们会跑到农田里破坏农作物。我们在工作中设想"项目结束后的事情"是非常重要的。

设想更长远的事情,适用于所有的工作。

一个项目对周边的影响（即便是间接的）必然存在，这种影响有好有坏。一个产品即便销量再好，如果在生产过程中会污染环境，也不应该生产。设想项目结束后的事情，可以说是在降低或规避这个项目的风险。

此外，我还会做进一步的设想。比如，这棵杉树被砍倒的时候会朝哪个方向倒去。如果这棵杉树朝西倒下去，下面生长着的好吃的蘑菇就要被压坏了等。

在我的工作中，这种具体的设想包括"我们的新商品问世后，是否会和其他部门类似的商品分抢市场份额"等。这就是在设想这个项目的直接后果。当然，除了设想不良影响，也会设想有益的影响。

此外，和上面介绍的"结果"或"后续"的设想无关，我有个不成文的规定：只要某个项目直觉上行不通，不需要其他理由，我就会立刻暂停这个项目，等到自己觉得差不多的时候再开始。

看到这里，想必各位读者开始觉得，如果省略了这些预先的设想，就无法出色地完成一项工作了吧。

设想商品或项目的"寿命"

目前,我正在参与相模铁道(以下简称"相铁")品牌形象重塑的项目。

相铁来来往往地行驶在横滨这个城市,已经有一百多年的历史了,此次重塑品牌形象的项目将帮助相铁在日后也能长久地获得更多人的喜爱。也就是说,这是一个寿命颇长的项目。

我当时的想法便是,"要极力避开那些经不起时间检验的东西","要做出即便一百年后看也很好的设计"。

在此基础上,我开始思考究竟什么样的创意更合适,于是我的脑海中浮现出了"典型的正统派"设计。

说到设计,很多人可能认为,越是稀奇、有趣,越容易获得认可。相反,那些看起来平凡无奇、简单质朴的创意往往被认为"没有设计感"。

但如果以一百年为时间单位去考虑,"稀奇古怪的东西反而很快就会被人们厌倦",这个结果是显而易见的。

· 不会过时的考究设计;
· 普遍存在的颜色与素材;
· 一百年后也不会失去光彩的设计。

根据这些关键词,我将相铁的设计理念锁定为"安全、安心、雅致"。

安全、安心是基本的价值,而且是铁路公司的责任和义务,所以相铁的设计必须贴合这两个理念。此外,这条铁路行驶在横滨这个国际化的港口城市,所以我希望能够展现出它特有的质感和优雅的气质。

不光是相铁的形象重塑,对于我所参与的所有项目,我都会考虑其寿命究竟有多长。

人们往往把项目做完的时间视为这个项目寿命终止的时刻。这个项目是只有几天时间的宣传活动，还是需要打造成连下一代人也会喜爱的品牌形象？我认为**认真设想更长远的事情是让项目成功的秘诀**。

花时间慢慢使它改变

相铁的品牌形象重塑最终敲定以百年为单位去完成,还有一个我们不得不考虑的限制因素。

铁路与建筑物不同,我们不可能挂一个"正在施工,带来不便敬请谅解"这样的牌子,闭门建造好几个月甚至好几年。尤其是车站和电车要通电运转,我们必须仔细考虑施工的安全。并且,因为电车一年365天都要运行,不能停运,所以施工的时间非常有限。

虽然相铁并非24小时运行,但末班车结束后这条线路还会有运货列车通行,并且车辆检测和试运行等也会占用铁道。

如果在夜间施工,到了早晨的始发车时间就要保证电车能够准时出发。如果一部分站台因为施工被破坏，那么在早晨始发车运行前要暂时恢复使用状态。

也就是说，整个施工进度都无法顺畅、快速地推进。因为受到各种限制，所以只能在有限的时间内尽最大努力一点一点地完成各项施工任务。

要做的事情堆积如山，时间却不够用。再加上这个项目有大量人员参与，每项工作都要争分夺秒，这有可能让大家产生巨大的心理压力。这会给工作带来负面影响，工作进程也会受阻。

但我认为，这种"只能一点一点完成"的限制可以转变为优势。

于是，我提出了这样的方针："**因为这是一个百年项目，所以我们要拿出足够的时间，慢慢改变、慢慢打造。**"

大家一旦沉下心来认真做事，施工现场的焦虑感就随之消失了。这样做还有一个好处——我们不会被新的设计、新的潮流所左右。

并且,参与整个项目的人都会认可"这个项目值得花一百年的时间去打造,在这一百年间它的价值不会改变"这个想法。

根据相似的案例去"预测"

在前文,我为各位读者介绍了如何具体详细地设想以及如何扩大想象的范围。

但人的想象力是有限的,我们很难去设想完全不熟悉的领域。**根据相似的案例去"预测"**是一个不错的办法。

在接到相铁品牌形象重塑的项目后,我参考了阪急电车的案例。虽然一开始我并没有拿它当作典型案例来借鉴,但一个关西的朋友建议我"如果是做与电车相关的设计工作,阪急电车的形象塑造值得参考"。

1907年开始运营的阪急电车行驶于从大阪、梅田到神户、宝塚、京都的区间。有川浩的小说《阪急电车》曾被拍成电影。阪急电车因其时尚、有质感的外观而远近闻名。据说，关西人非常向往住在阪急沿线。

我感觉阪急电车这么受欢迎，其独特的车身颜色是一大因素。我曾一直以为阪急电车车身的颜色是巧克力色，后来才知道阪急电车车身独特的颜色拥有一个固定的名字——阪急栗红色。这种栗红色既深邃又让人感到温暖，是一种很有质感的焦茶色。

据我找到的资料显示，这个颜色以1950年在大阪举办的美国博览会为契机被设计出来。虽然政府曾多次试图改变这个颜色，但乘客们均表示反对，他们希望阪急电车能够保留这个颜色。

毫无疑问，这份资料是阪急电车被人们喜爱的证据。

阪急电车的颜色独特且具有极高的辨识度，人们看到这个颜色一眼就能认出："这是阪急电车的颜色啊！"随着时间流逝、岁月变迁，阪急电车的品牌价值却从未走低，反而越来越高。因为这种"不变"能够孕育出人们的信赖与喜爱，并且与拥有安全、安心理念的铁路公司的形象完美契合。

如果铁路受到当地居民的喜爱并被打造成优秀的品牌，铁路沿线的地价就会随之提升。这样一来，就会有越来越多的人向往搬到这里，其价值还会继续水涨船高。虽然阪急电车没有紧跟潮流，但其缓慢上升的势头也让它成为当地不可或缺的"明星品牌"。

纵观阪急电车品牌形象的成功塑造，我认为相铁追求的正是同样的路线。我们要将相铁打造成乘客会因为乘坐这个电车而感到自豪，居民看到这个电车就会产生"回家了"的感觉的地域象征。于是，相铁应有的形象跃然眼前。

在想象项目该如何推进时，光是空想很难得出结论。我们可以**先查找已经成功的经典案例**，通过与经典案例的对比，就能找到前进的方向了。

4

将"目标"的清晰度提升至极限

① 通过分析潜在目标客户群阅读的杂志,锁定目标客户群。
② 不要忘记,人的真实感觉极其重要。
③ 从最终的结果"自上而下"地考虑,不仅能让目标更加明确,而且所有事情都能自然而然地确定下来。

目标客户群会阅读什么杂志

商品、品牌形象、设施……无论是什么项目,我都会先明确"目标客户群"。

当然,我明白这句话在各位读者看来可能毫无意义。因为如今很多经商指导类的书籍都会告诉读者"要明确目标客户群"。此外,开会的时候上司也经常念叨"大家认为我们这次新研发的产品的目标客户群有哪些"等。

但问题的关键并非明确目标客户群,而是怎么明确,更准确地说,是如何锁定目标客户群。

"以年轻女性为目标客户群""这个产品将来应该面向上班族销售"……光是这样的结论称不上锁定目标客户群,因为这种描述太宽泛、模糊、缺乏想象力。

那么，让我们来看看怎么锁定目标客户群吧。我会发挥自己全部的想象力，采用蒙太奇的手法，明确目标客户群的形象、特征。

目前，我正在参与一个名叫"THE"的品牌形象设计。就像"说到牛仔裤自然而然就想到李维斯501"一样，"THE"这个品牌汇集了诸多品类商品最经典的款式。下面我以这个项目为例，为大家介绍一下我是如何具体锁定目标客户群的。

在这个问题上，我首先考虑的是**目标客户群阅读的杂志**。我会想象"THE"的顾客平时会阅读什么样的杂志。

我的初步感觉是，"THE"的顾客可能平时会阅读 *BRUTUS*《智族GQ》*AERA* 这类杂志。

当我将"THE"的目标客户群大致定为"爱好时尚的潮男"时，我发现自己似乎错了。

爱好时尚的男性应该不会对"THE"感兴趣。因为，一般来说爱好时尚的潮男更喜欢像川久保玲、Maison Margiela

这类更具装饰性和设计感的品牌。走传统设计路线且没什么独特之处的"THE"并不符合他们的喜好。

不过,那些不怎么注重服饰穿搭,妻子、女朋友给买什么就穿什么的人也不会选"THE",他们更多地会选无印良品或优衣库这类品牌。于是,我做了进一步的锁定。

或许喜欢"THE"这个品牌的人会买 *Mono Magazine*[1] 特集。虽然他们平时也会买 *BRUTUS*,但不会买这份杂志的时尚特集。

这类客户群虽然有自己的喜好,但并非时尚的狂热追求者。他们或许更喜欢作为"商品"的衣服而非"流行"的服装,对于物品,他们有自己的追求和喜好。比起衣服新颖奇特的设计,他们更重视衣服的品质和材质。

分析目标客户群会阅读什么样的杂志,是我寻找目标客户群的一种方法。这样做,在一定程度上可以帮助我锁

---

1 该杂志主要介绍日本当下最热销、最前沿的各类商品。——编者注

定目标客户群。

分析完目标客户群阅读的杂志后,接下来我还会分析目标客户群会听什么样的音乐,喜欢看什么样的电视节目,经常逛什么样的店,等等。通过这些具体的分析,我逐步解锁目标客户群的特征。

变身成目标客户群去思考

那么,如何锁定相铁的目标客户群呢?

相铁的目标客户群自然是乘客和铁路沿线的居民,也就是说,男女老少都有,他们的兴趣爱好也各不相同。在这种情况下,或许就不需要"锁定"目标客户群了。

确实,电车的乘客形形色色,除了那种极端讨厌坐电车的人,附近的居民多数会乘坐电车。我们把这类客户群视作默认用户,暂且不需要考虑太多。

这时我们需要考虑的是"今后的目标客户群"。我是这样设身处地地思考的:"今年是我结婚的第三年,明年孩子就要出生了。我现在租房住,借着宝宝出生的契机,我想要买房子。我们家的年收入是平均水平,追求平稳的生活。我丈夫虽然在涩谷上班,但我们是在乡下长大的,更喜欢悠闲自在的生活,比起大城市,更喜欢大自然。"

我把自己设想成一名女性。至于为何设想为女性,是因为一个家庭在买房子的时候,女性的意见往往更为重要。面对田园都市线、井之头线、东横线等诸多电车线路,我们要想让女性选择相铁,就必须让相铁成为极具魅力、能够吸引女性的品牌。

比起宽泛、模糊的目标客户群,细致地勾勒"今后的目标客户群"的特征,能够帮助整个项目找到更明确的方向。

锁定目标客户群后,接下来我推荐的做法是,把自己"变成"他们去思考。

虽然很多人都会说"要站在对方的立场思考",但我们要思考得更具体、准确,将**想象的清晰度提升至极限**。这样做,就能帮助我们发现目标客户群真正的需求了。

当团队的其他人都从某一个角度看问题时,我会选择站在更远的地方或者从相反的角度审视问题。可能有些人认为我这种做法有些刁难人。

在变身成目标客户群时，保持最真实、放松的状态很重要。

在开会或进行商务会谈时，有些人可能会刻意地以目标客户的立场表达意见，这恰恰是我们要避免的。

人会不由自主地说一些冠冕堂皇的话，这是出于不想被他人低看的心理，才会说一些"包装过"的话。这是个陷阱，**不要忘记，人的真实感觉极其重要**。

我经常会表扬刚进公司一年，爱提意见的新员工。因为有时没被这个行业"熏染"的人更能率直地看问题。这好比商务人士一穿上笔挺的西装，就很容易忘记"自己作为普通人的感觉"。

此外，"我不会买""我觉得不好"这种话不要轻易说出口。有些人会根据市场调查数据做决策，"我不会买""我觉得不好"这种主观的话很可能影响正确的判断。

采用"自上而下"的方法，
工作自然能够有序开展

在第一章，我以有序开展工作为前提，为各位读者介绍了"确定目标"的重要性。如果我们能够很好地完成这一步，那么整个项目不但可以顺利进行，还能以最佳的形式完成。

虽然也可以采用走一步看一步，边做边摸索的"自下而上"的方式完成工作，但我个人认为，这样做工作效率很低下。

从最终的结果"自上而下"地考虑，不仅能让目标更加明确，而且所有事情都能自然而然地确定下来。这有利于之后的工作有序地开展。

举个例子，一场名叫"横滨自然周"（Yokohama Nature

Week）的活动曾在横滨的儿童自然公园举办。筹备活动时，出现了这样一个问题："究竟要准备几个摊位和几台移动餐车？"

对于这个问题，如果采用"自下而上"的方式去考虑，不但花费时间，而且很难预估最终的效果。

这场活动的目的并不是"确定好摊位和移动餐车的数量并给出预算"，而是"尽可能地将这场活动举办成功，让更多人享受其中"。

什么样的人会来？能来多少人？他们在这场活动中会做什么？他们的想法是怎样的？活动当天的拥挤程度如何？

如果能够将活动当天的状况详细地想象出来，那么在布置现场时，隔几米设置几台移动餐车这样的问题就迎刃而解了。

顺便一提，这场活动最后吸引来的顾客人数远超预期，导致准备的移动餐车不够用，这可以说是令人高兴的一个失算。虽然这场活动有失误的地方，但最终到场者的满意度高达97%。

总之,我们在开展工作前首先要明确目标,之后才能顺利地有序开展工作。在接下来的第二章,我将为各位读者介绍如何"绘制"出抵达目标的"路线图"。

第二章 / 为了有序开展工作,绘制出抵达目标的『路线图』

1

所有的工作都是程序化的

① 只要我们能够有序开展工作,所有的工作就可以以一种程序化的流程顺利完成。

② 所有的事情都是程序化的,我们只要按照流程做下去就可以了。

③ 不论遇到什么突发事件,都能够从全局出发,把握其模式,这也是有序开展工作的一部分。

不可能每天都做新的事情

首先,我想告诉各位读者一件事。我在前言中提到,这件事可以说是有序开展工作的前提,即"**所有的工作都是一样的**"。

不善于有序开展工作或者根本不这样做的人,往往会认为"每天的工作内容都是新的"。他们对所有的工作都不会进行有序安排。这是因为他们认为这样做没有意义,这是一件既花时间又不太可能实现的事情。

事实上,在工作中我们不可能每天都做新的事情。

在外人看起来,创意总监总是在做新的事情。

确实,我每天的工作都围绕着设计新吉祥物、店面、品牌

Logo，考虑品牌理念如何展开，为此我要处理各种各样的事情。我的客户从食品厂商到零售商、服装品牌商、铁路公司，横跨诸多领域，此外，还有各地方自治体[1]、省政府。

对我来说，即便工作内容不尽相同，所有的工作也是一样的。

首先，**所有的工作都有截止日期**。为了在规定的时间内完成工作，我要合理安排工作，这是所有工作都要做的事情。

其次，**所有工作的流程都大致相同**。我们可以将一份工作的流程看作从"1"到"10"，偶尔会出现没有"4"这一步的工作，或者要做"1.1""3.1"这种非常规的工作，但基本上我们都要按照从"1"到"10"的流程完成工作。

1　自治体：日本的一种行政管理形式，由都道府县、市町村构成。——编者注

思考方式相同，做的事情也相同，所有的工作都是程序化的。

各项工作之间不同的是"想到的创意"或者"取得的成果"，但它们的过程是一样的。

只要我们能够有序开展工作，所有的工作就可以以一种程序化的流程顺利完成。这样一来，浪费时间又毫无意义的工作就会减少，也不会出现遗漏或欠考虑的问题，一般来说，也不会出现来不及完成或无法完成的情况。

所有工作的本质都相同

对于上文所述的内容，有些人会表示："虽然应该将工作程序化，但我的工作不适用这个方式。"不知为何，大部分人都坚信自己的工作很特殊。但事实真是如此吗？

针对"（将工作）程序化"这件事，我们再深入探讨一下。

设计的工作流程如下：

调查→手绘草图→电脑绘制初稿→完成样本→完成终稿（修正版）

无论什么样的设计，工作流程基本上与上面的一致。那么企划的工作流程是什么样的呢？

调查→确定方向→确定企划书的内容→转换成文字→配图→完成

虽然企划书各式各样,但企划的工作流程大同小异。

我想告诉各位读者的是,虽然不同的工作在细节或对象上有所不同,但它们大致的流程是相同的,都可以程序化。即使看起来大相径庭的工作,本质上要做的事情也差不多。

扩大范围考虑,我们生活中的事情也可以用程序化的方式处理。

接下来我以生活中常见的几件事情为例,为大家简单解释一下。首先是租房子:

整理出自己的需求→锁定候选项→看地图→看街景→看房子内部→进行交涉→决定

再看看做饭这件事:

查看冰箱里的现有食材→查找食谱→确认是否有缺少的材料→决定今晚吃什么→去采购→做饭→完成

那么旅行呢?

查找旅行目的地→查找是否有合适的旅店→制订旅行计划→买票→做出发前的准备→出发去旅行

所有的事情并不是每次做都与上一次不一样,而是程序化的,有固定的流程。并且所有事情大致的流程基本相同。

调查→确定大致方向→制订具体计划→按计划做事情→完成

在这个流程中,如果省略了某一个步骤,比如没有好好调查,或者没有确定方向就开始考虑细节等,之后的步骤就无法顺利进行。这样的例子实在太多了。

有些人一听到"有序开展工作"就会想得很复杂,比如"我要做完 A 再做 B,做 B 的同时还要准备 C……"他们认为,每一件事都严格按照计划推进,太麻烦了,而自己根本无法坚持每次都这样做。但实际上,我们如果可以有序开展工作,就不会感到麻烦或辛苦。做事没计划才令人苦恼。

我的建议很简单:**所有的事情都是程序化的,我们只要按照流程做下去就可以了**,根本没必要考虑得太过复杂。

工作中的问题和麻烦也可以模式化

"所有工作都是程序化的,都有固定的模式。"听到我这么说,可能会有人反驳。

"虽然我想按流程做事,但出现了意料之外的事情,导致我没能这样做下去。"

"上司突然提出无理的要求,导致我无法按流程做事。"

听到这些意见,我的想法是"这些全是意料之中的事情嘛"。

我们在工作中难免会遇到问题,碰到麻烦。

平时在工作中,我们经常会突然被上司派去做其他事情。不论在哪个行业,我们都会遇到领导的指示变来变去,快到截止日期时客户突然提要求等各种意料之外的事情。

这些意料之外的事情在工作中经常发生。**不论遇到什么突发事件，都能够从全局出发，把握其模式，这也是有序开展工作的一部分。**

比如，一位乘客跟一个经验十足的出租车司机说："麻烦您开到六本木新城。"此时这位司机就会跟乘客确认："您说的是里面有森美术馆的六本木新城吧。"

这位出租车司机之所以会这样确认，是因为很多乘客会把附近的东京中城和六本木新城搞混。想必这位司机曾经按照乘客的要求把车开到六本木新城后，乘客却说"啊，对不起，我想去的是东京中城"。

这位司机或许把这种情况当作一种"极有可能出现的突发事件的模式"记了下来，为了避免今后再次出现同样的问题而采取了重新确认的对策。在我看来，这位出租车司机就属于很擅长有序开展工作的人。

无论是突发事件还是各种问题、麻烦，我们都要事先将其模式化。甚至我们还要将"避免问题出现的方法""问题出现后的解决办法"等模式化,并将这些融入工作中,保证工作有序开展。

这样一来,我们无论遇到什么问题、麻烦或突发事件,都不会手足无措,因为它们都是"意料之中"的事情。

2
程序化让我们工作起来游刃有余

① 我们如果将工作模式化,就会减少徒劳无功的情况,工作起来会更加轻松、从容有序。
② 我们只要尽可能地将工作程序化,就能节省时间和精力,这样工作质量自然而然就提高了。
③ 设计工作也有规律,能够找到"正确答案"。
④ 我们只要把要做的事情程序化,尽量减少做决定的次数,就能将精力集中在真正重要的事情上。
⑤ 人一旦想要做出一鸣惊人的事,精力和体力就会被分散。

让工作更加程序化、模式化

曾经，我在工作的时候想到什么做什么，并没有将工作程序化。后来我发现这样做效率低下、事倍功半。

我建议大家在工作的时候，尽可能将要做的事情程序化。当然，由于工作内容不尽相同，我们不可能使每项工作的速度、进度都保持一致。在此，我建议大家将工作模式分为几大类，然后按照不同类别开展不同的工作。

· 和同行业的少数人一起推进的项目；
· 和不同行业的许多人一起推进的项目；
· 与庆典活动、集会等相关，时间紧迫的项目；
· 常年做的常规项目。

这种模式化会为我们的工作带来极大的便利。

我们和不同行业的人一起做项目，可以根据模式事先把握工作特点，做到心中有数。比如，大小事宜都需要开会决定，所以很花时间；与不同行业的人难以靠默契配合做事，所以如果不把理念说明得细致一些，之后就可能导致诸多不必要的麻烦……

这样一来，无论客户是铁路公司还是厂商，我们都可以将他们视作同一类型，按照相同的模式处理。

只要各位读者能够在模式化的基础上有序开展工作，基本上每项工作都能顺利完成。

这个方法的重点是尽**可能精简模式化的类别**。如果将工作模式设定得多而复杂，那么在工作时时间就花在思考这个项目属于哪类上了，模式化也就失去了意义。

我相信绝大部分公司都会用 Excel 表格去统计经费的使用，这其实就是一种模式化，而我们要做的事情与此类似。事先不设定好模式再工作，就好比每次统计经费时都要从制作新 Excel 表格开始一样效率低下。

此外，**越是觉得不用分类的工作，越要将其模式化。**

虽然简单又熟练的工作，每次从头开始做不会花费太多时间，但积少成多，每次都从零开始也是一种时间上的浪费。

从长远来看，如果我们不将工作模式化，工作就会变得繁复。反之，**我们如果将工作模式化，就会减少徒劳无功的情况**，工作起来会更加轻松、从容有序。

将工作程序化,有助于提高工作质量

看到这里,可能依然会有读者朋友反驳:"我的工作很复杂,根本没法儿模式化。"

我是这样想的:越是复杂、难处理的工作,越有必要将其模式化。

我们如果在工作中将可以模式化的部分全部模式化处理,保证工作有序开展,就能节省更多的时间、精力,用来做更重要的事情,并使我们在工作中更加从容不迫。这种做法难道不是提高工作质量的秘诀吗?

这种做法特别适合没有经验的新员工,不善于同时处理好几项工作的人,做事粗心大意很容易犯错的人,忙碌起来就容易慌张的人,等等。将工作模式化、程序化,可以让他们最大限度地保证做事的速度与步调，使他们的能力百分之百发挥出来，出色地完成工作。

或许有人认为，需要发挥创意的工作并不适合模式化、程序化。但我的想法恰恰相反：需要发挥创意的工作，更应该模式化、程序化。

如果我们将工作程序化，所有工作共通的基础部分就能快速且顺利地完成，甚至我们在无意识中自然而然就把它做好了。**这样做有利于夯实工作的基础，使工作的整体水平大幅提升**，并且还会促使我们追求更高的目标，有时间和精力去关注细节或处理其他更重要的事情。

能够对某个事物进行改编或加入创意巧思的人是在该领域达到专业级别的人。

从来没有做过蛋包饭的人不可能有心思在做蛋包饭的时候考虑怎么让口味更出彩或者怎么让鸡蛋口感更好。刚开始学做蛋包饭的人必须从如何做蛋包饭的基础开始学习。

对于专业的厨师来说，蛋包饭这样的料理做起来都是程序化的，可能他们闭着眼都能做。正因为这样，专业的厨师才有精力去研究怎么把蛋包饭的好吃程度做到极致。

我们只要将工作程序化，接下来该做什么事情就会一目了然，中途会出现什么状况也就更容易预测了。我们即便遇到突发事件，也能够冷静、迅速地应对。

在此我想说的是，我们只要尽可能地将工作程序化，就能节省时间和精力，这样工作质量自然而然就提高了。

确定好框架,有助于保质保量完成项目

我们公司 Good Design Company 设计成功的案例是普通设计公司的三到四倍。我认为这归功于我们公司能够有序开展工作。

在为 7-ELEVEN(7-11)便利店做产品包装和品牌定位的改造时,我不仅要保证项目的质量,还做了大量的设计工作。

并且,这个项目全部都是由我们公司独立完成的,并没有外包出去。我们公司之所以能够独立完成这个大项目,是因为采用了程序化作业的工作方法。

产品包装的初步设计由我操刀完成。我先将大致的设计稿做好,再确定好如何添加文字。剩下的就是修改文字和图

片等比较容易操作的工作了。即使我把这些工作交给经验尚少的员工，工作也能顺利完成。只要倾力完成初步的框架，剩下的模式化工作完成起来就相对轻松很多。

我之所以将工作模式化，是因为我认为，**设计工作也有规律，能够找到"正确答案"**。

比如，我一般把行间距设定为字号的 1.6 倍，而边距大多时候设定为 8 毫米或 12 毫米。如果我们能在工作中找到这样的"规律"，工作效率就会越来越高。

关于吉祥物的设计也大体相似，一般只要客户明确了想要什么样的形象，我很快就能做出来。在设计熊本熊的时候，我尽量贴合"熊本 Surprise"的活动理念进行设计。

越是像我这样从事创造性工作的人，越应该假定最终会有一个"正确答案"，然后朝着寻找"正确答案"的方向不断推进工作。我们如果不这样做，就永远完成不了工作。

我们如果不能在工作中找到技巧或规律，那么即便埋头苦干 10 年、20 年，也无法获得进步与成长。

通过减少选项，减轻压力

为了让日常工作程序化，我下足了功夫。首先，我会**规定什么工作在星期几做**。

日本人的垃圾分类执行得很好，其中一个原因就是，星期几扔什么垃圾已经严格地规定好了。星期一扔可燃垃圾、星期二扔不可燃垃圾等已明文规定，人们便不容易忘记，更有利于执行。

工作也是如此。星期一做什么、星期二做什么……把要做的事情放在哪一天完成确定下来，工作就能顺利推进。

比如，对于自己负责的客户，我基本上会这样安排时间：星期一做 A 公司的工作，星期三做 B 公司的，星期四做 C 公司的。

团队定下来要每个星期开例会，我会提议："要不我们固定在每个星期二的上午10点开例会吧。"诸如此类的做法有很多。

我还有许多以年为单位签约的客户，于是，我会将星期几去见哪个客户固定下来。这样做可以让我的日程清晰明了，工作也能顺利地有序开展。

只要规定好工作场所、时间、应该完成的工作内容，即便是由一个人完成的工作，也能够程序化，并且效果非常显著。这件事虽然看起来小，却可以为我们减轻一些不必要的压力。

有些伏案工作没有规定的工作场所和工作时间。像我这样自己开公司的人和自由职业者，基本上什么时间、在什么地方、做什么事情都是自由的。虽然表面上看可以自由支配时间很好，但事实上，**这种"可以选择"的状态会给心理造成巨大的负担。**

一个人每天在公司食堂吃饭，选择吃A套餐还是B套餐，自然不用花费多少精力。但如果需要"自由"地决定去哪里吃什么，很多人就会纠结不已了。我想说的就类似这种情况。

棒球选手铃木一郎站在打击区执棒而立时每次都用同一套动作，史蒂夫·乔布斯总是穿同样的衣服，都是为了减少选项。**我们只要把要做的事情程序化，尽量减少做决定的次数，就能将精力集中在真正重要的事情上。**

我总是会准备好几套一样的牛仔裤和衬衫，因为我不想每天早晨都为穿什么而花费精力。

为了减少选项、减少自己犹豫的次数，我在办公室等工作环境上也下了功夫。

比如，我会把书按照大小个儿摆放在书架上。通常，人们都会按照类别摆放书籍，但我认为，这样做对于那些类别不明确的书来说，找起来实在太费劲了。所以，我干脆按照最简单的方式——书的高矮去摆放，这样更容易找到想要找的书。每当我要找书的时候，我就会回想起那本书的高度，于是很快就找到了。

此外，我的电脑桌面上只有两个文件夹，一个是"进行中"，一个是"已完成"。我会在每个文件夹中按照客户名称另建子文件夹。对我来说，文件夹只分为两大类，进行中的和已完成的。因此，我只需要在电脑桌面上建好这两个文件夹就够了。

我经常看到有些人的电脑桌面上罗列着几十个文件夹，这样在寻找某个文件时会给人带来巨大的压力。

所以，**做事的一个关键点就是，尽可能地减少选项。**

通过将工作程序化，我们可以最大限度地减少选项和做决定的次数，把节省下来的精力投入到更重要的工作上。如果我们能够做到这一点，我们的工作就会完成得更加出色。

不能总想着做一鸣惊人的事

在工作中,我们尽量不要在决断和选择上耗费精力,要尽量简化。当然,在关键时刻必须集中精力。为了能够在关键时刻集中精力做事,我们平时就不要在其他事情上过多耗费精力了。此外,打造一个不用太费力就能让工作顺利开展的机制也很重要。

我经常对我的员工说:"不要总想着做一鸣惊人的事情。"

"我一定要做出超级厉害的设计!"刚入行的设计师总是会有这样的错误想法。这种错误的想法不仅存在于设计界,也存在于其他行业。人们越觉得某项工作重要,越会在上面投入大量的精力。

"我一定要做出至今为止世上没有的东西,让你们看看!"

"我一定要让这个项目成功,让大家赞叹不已!"

设计师一旦有了这种想要一鸣惊人的野心,就无心考虑有序开展工作这种不起眼的事情了。因为他们往往认为,有序开展工作只适用于重复性的工作,而设计是依靠灵感的工作。

人一旦想要做出一鸣惊人的事,精力和体力就会被分散。

人一旦被自己的野心蒙蔽双眼,就会将"当今市场需要的谁也没见过的新商品"错误地视作目标,忽略细节,无法把握现状;还有可能在一开始就把精力耗尽,导致最终无法完成工作。真正花费体力、精力的是实行下去的过程。

这就好比虽有成为大人物、开公司当老板的野心,却连创业计划、财务计划都没有的创业人士。

在这种状态下,即便这种人高喊着"大家都跟我干",也不会有人响应,投资者也不会给这种人投资。最终的结局只能是一事无成。

因此,我们不要总想着一鸣惊人,要脚踏实地、切实有序地开展工作。

将工作程序化,可以使工作一件一件地落实,使我们工作起来从容不迫,并提高工作质量。 如果我们完成的工作富有创新性,对社会有帮助,最终我们就会获得一定的荣誉。

"一鸣惊人"并不是我们追求的目标,而是做完该做的事情后随之而来的"附属品"。

因此,我们要做的就是有序地开展工作,并切实地完成工作。

3
创意理念是一个项目的"警察"

① 这个确定下来的理念仿佛一位"警察",在执行监管整个项目的任务,它可以对我们的想法和工作进行约束。
② 优秀的理念清晰易懂,并能引导我们的行动自然而然地跟上。
③ 自己如果想到了一个创意,要尽可能地向客户进行详细的说明。

用简单易懂的语言描述出创意理念

在第一章,我为各位读者介绍了明确工作目标的重要性,以及确定工作目标的方法。

接下来,我想为大家介绍抵达目标的"路线图"的绘制方法。我们在没有路线图的情况下贸然出发,很容易在不知不觉中去往错误的地点,抑或中途迷失方向。

因此,事先认真地绘制路线图,并按照路线图前进至关重要。

几乎所有的工作都不可能只靠一个人的力量完成。举个例子,一个出版社的编辑,平时要和作者、印刷厂、设计师、主编等打交道,需要和许多人配合完成工作。

团队工作的时候,必须明确"要做的是什么",整个团队的人都应该了解项目的目标,并朝着同一个方向共同努力。

为了达成这个目标,我们的团队会**根据不同的项目制定不同的"理念"**。我会尽可能地用简单易懂的语言去解释这个理念。

我们如果能够用一句话清晰准确地概括项目的目标,迷茫、纠结的时候就很容易找回"初心",而不至于迷失方向。

团队中的每个人都有自己的立场。负责管钱的人想的是怎么节省费用,负责日程安排的人想的则是怎么按期完成工作,大家都有自己的想法和顾虑。这时如果盲目优先接纳某个人的想法,一个团队就很难齐心协力地开展工作。

为了能让整个团队朝着同一个目标前进,我们必须制定一个共同的理念。

在第一章中,我曾为大家介绍过,相铁的设计理念是"安全、安心、雅致"。

"不管外形设计得多么时髦,都必须保证安全与安心。""在追求安全与安心的同时,绝对不能忘记雅致的设计感。"依靠这个简单的设计理念,我做到了完全不偏离初衷地将工作完成。

最理想的状态是,整个团队的成员都能够准确说出项目的理念。

那么,我们如何确定项目的理念呢?

相铁"安全、安心、雅致"的设计理念是这样确定下来的。

"安全"这个关键词是铁路公司无论如何都不能忽略的。保证安全运行是理所当然的事情。此外,包括盲文等在内的细节也要追求安全。

"安心"则是一个基础的关键词。我无法想象,我会去乘坐一个不能让人安心的电车。我想把这个项目做得既能让乘客安心,又能让铁路公司的员工和高层领导安心。

最后,"雅致"这个关键词是怎么确定下来的呢?

安全、安心是铁路公司理所当然要做到的,不仅相铁能做到,而且东急电铁、京急电铁、小田急电铁也能做到。于是,我开始思考什么是相铁独有的特色。

相铁是往来于横滨的电车。那么,横滨这个城市拥有怎样的魅力呢?清爽?复古?时尚?我思来想去,最终得出的结论是"雅致"这个关键词。

这个确定下来的理念仿佛一位"警察",在执行监管整个项目的任务,它可以对我们的想法和工作进行约束。

在开展工作时,大家有没有遇到过这种情况——职位高或声音大的人发表意见时,声音盖过了其他声音。比如,他们会因为个人喜好而主张"这个地方的颜色最好选红色"。

这时,我们如果已经确定了设计理念,就可以有理有据地反驳:"这个项目的设计理念是走雅致的路线,觉得红色好是您个人的意见。""设计理念已经确定为'安全、安心、雅致'了。我们要考虑的不是您喜不喜欢红色，而是这个颜色是否雅致，是否符合安全、安心的理念。"

项目开始时，"确定理念"固然重要，但在项目执行的过程中，"回归理念"更为重要。因此，在开展相铁这个项目时，我经常询问团队的工作人员："现在做的事是否符合'安全、安心、雅致'的设计理念？"

创意理念要为大家带来梦想

在这里,我要斗胆说一句,其实相铁原本并没有给人"雅致"的印象。相反,在人们的印象中,相铁是一条比较土气的铁道线路。

所以,当我提出"雅致"这个设计理念时,有人提出了反对意见:"这也太不符合实际了,多令人不好意思啊!""这个设计理念让人有违和感。"

目标和结果是不一样的。当然,目标和结果能够保持一致是最理想的状态,但即使目标和结果不一致也没关系。我们先不用管"别人怎么想""这件事是否不可能做成",只**需要把真正想要做的东西变为目标就可以了**。

如果目标与实际情况相去甚远,几乎百分之百不可能达成，那么放弃也许是最好的选择；但如果有可能实现，那么我建议大家尝试做下去。

虽然当初大家都认为相铁根本不符合"雅致"的形象，但我坚决为其贴上雅致的"标签"，并且一直坚持这样做。从结果来看，坚持自己的目标，并努力达成，就能得到不错的结果。

东京中城的设计理念是"想成为位于东京市中心的舒适场所"。这个理念是文案策划蛭田瑞穗想出来的。我个人认为，这是一个非常优秀的文案。

"想成为舒适的场所"是这个理念中我最中意的部分。一般来说，人们都会说"这里是舒适的场所"，但这个文案却标新立异地使用了"想成为"这个说法。因此，这个文案大获成功。

所谓"舒适的场所"，因人而异，既有喜欢大海的人，又有喜欢高山的人。所以，如果断言"这里是舒适的场所"，就容易令人产生一种虚假的感觉，或者让人感觉言过其实。

如果是"想成为舒适的场所",就会将"众口难调"的问题弱化许多。这个项目正因为提出了这样的目标,才获得了大众的瞩目。

相铁这个案例也是如此,完全可以把目标定为"想成为全日本最有魅力的铁道线路"。

企业应该拥有梦想。小时候,大家都有自己的梦想。随着长大成人,我们反而很不好意思说出自己的梦想。企业也是如此。

在创业之初,大家满怀梦想,但不知从何时起,大家就不再胸怀梦想了。我们应该一直都怀揣梦想。最终的结果也许与最初的梦想多少有些出入,但这并无大碍。如果我们不朝着某个目标努力,就不可能取得成功。我们只有怀揣梦想,才能够朝着那个方向前进。

有些文案看似帅气时髦,我们却很难从中看出具体内容。

在相铁项目中,将"最有魅力的铁道线路"定为目标,可以说明确易懂。虽然我们可能会针对"怎样才算有魅力"

展开讨论，但这种讨论是一个良好的开端，能够引导我们做得更好。

优秀的理念清晰易懂，并能引导我们的行动自然而然地跟上。

注意"对语言理解"的不同

在推进项目的时候,我们应注意"语言"使用的敏感性。对语言的理解因人而异,我们如果不注意,就很容易出现沟通问题,最终影响整个项目。

在一个新产品研讨会上,一位客户表示:"我们希望让现在的设计焕然一新,但包装设计不要过于时尚。"

或许在这位客户看来,设计等同于时尚。但在我看来,当时的设计已经足够时尚了。所以,我便指出对方表达得暧昧不明的地方:"您所说的'不要过于时尚',可能是指'不要比现在的设计更时尚'吧。"听到我这样说,对方顿时无言以对。

我与客户的说法不同的原因之一是,对方有一个认识上的误区。对方误以为"设计就是格外注重装饰,要在原有的基础上做加法"。但事实上,设计是为了让原本的事物变得更好,"做减法"也是一种设计。

还有一个原因是,对"时尚"这个词的理解因人而异。不仅是"时尚"这一个词,语言本来就不是绝对的,很难通过一句话就充分理解对方的意图。因此,**自己如果想到了一个创意,要尽可能地向对方进行详细的说明。**

我们必须理解,无论在什么行业,每个人对某个词、某句话的理解都是不同的,我们必须填平这个"沟壑"。

4 所有工作从了解开始

① 品位是人们储备了大量的知识,然后将它们以最恰当的形式组合而成的,品位是可以打磨出来的。
② 向别人提问的时候,我们对相关问题太熟悉或一无所知,都无法很好地提问。
③ 不能装腔作势!不要不好意思!不要不懂装懂!
④ 我们只要以获取的信息为基础进行"粗雕",削去多余的部分,就基本能够确定方向和理念。

"准备"占有序开展工作的 90%

在确定工作的目标与项目的理念前,请不要忘记还有一个大前提——收集信息。我们要明白一个道理,**如果什么都不了解,工作就不可能顺利开展。**

在我写《品味,从知识开始》[1]这本书时,很多人都对我的这个观点表示怀疑。这说明许多人都认为"品位是天生的,或者是某天灵光一现得来的"。

但其实品位是人们储备了大量的知识,然后将它们以最恰当的形式组合而成的,品位是可以打磨出来的。

---

[1] 繁体版书名。日文原版书名为《センスは知識からはじまる》,尚未引进简体版。——编者注

有序开展工作与品位相似,没有知识储备是无法做到的。

知识储备这项准备工作做得越充分,越能有序开展工作,工作质量也会越高。可以说,"准备"占有序开展工作的90%。

・在有序开展工作前,要查找看起来与工作有关的信息;
・增加与有序开展工作无关的日常知识储备。

只要你养成上述两条习惯,长年累月的储备就会变成随时为己所用的财富。

在为相铁进行品牌形象重塑时,我也是先从调查与相铁有关的信息开始的。通过这一步,我更新了脑海中有关相铁的旧知识,并获取了相关的新知识。

相铁的这个项目始于2014年。那时,1917年创立的相铁即将迎来创业一百年的重要时刻。

我从"原来它始建于大正六年啊,真是一家相当有历史的铁道公司"这种朴素的印象开始调查,收集到了包括其发展历史在内的各种信息。

通过收集信息,我还了解到,相铁最早是搬运相模川砂砾的电车,可以说正是有了相铁,才建造出横滨这个城市。

做好充分的调查

无论做什么工作,**基本信息的获取都是不可或缺的**。

人们往往容易因为自己的想当然而忽略一些重要的事情。对于新签约的客户,我们只要打开他们公司的主页就能了解其公司的发展历程。这种随手就能做到的信息获取方法,切记不可忽略。

对于任何工作,我都会做大量的调查,甚至还经常去专业机构请教。我在每一个项目上所做的调查,虽然不至于写成一本书,但写成一本小册子还是可以的。

比如,当我要设计一个用到鸟的形象的 Logo 时,我就会查找鸟类研究专家或大学教授,然后亲自拜访对方,向对方请教关于鸟类的专业问题。

虽然这种做法看似很麻烦，但一旦开始使用，之后就跟顺藤摸瓜一样，兴趣不断涌出，根本停不下来。

除了自己调查，向形形色色的人请教也是收集信息的一种不可或缺的方式。在了解接下来要做的工作时，仅靠自己的能力只能获取一部分信息。客户或专业人士提供的信息远比在网上或书本上查找到的多，也更丰富深刻。因此，越向他人讨教，越有收获。

将纯粹的好奇心作为武器

兴趣是收集信息的基础。我们要对工作内容产生巨大的兴趣,只要抱有这种态度,知识的输入量就会源源不断。

还是以相铁这个项目为例。我从小就非常喜欢电车、铁道模型,但还没有痴迷到什么都很清楚的程度。我对电车的知识储备并不充足,也不是痴迷电车的人,只是单纯地喜欢而已。

但我们只要有了这种程度的兴趣,就能迈出"还想知道更多""想向别人讨教"的第一步。我们想要获取更多知识的热情会感染别人,别人也就更愿意为我们提供更多的信息。

一般来说,我会从最初级的问题开始,不断加深提问。别人为我解释得越多,我越会产生兴趣,并不断发现自己的知识盲点,然后继续提问。通过别人的回答,我的知识储备逐渐增多。

有一次,我在和相铁的工作人员闲聊时,他们问我喜欢电车中的哪一节车厢,我回答"守车"(电车末尾供工作人员使用的车厢)。没想到,这个回答获得了相铁工作人员的好评。

虽然我当时回答"守车"只不过是因为小时候很喜欢,是随口一答,但在专业人士看来,我的这个答案让他们觉得"原本以为你就是个外行,跟你说多了你也不明白,没想到你还挺懂的嘛"。于是,那天他们跟我聊了很多关于相铁和电车的事情。

向别人提问的时候,我们对相关问题太熟悉或一无所知,都无法很好地提问。

"请教别人"其实就是利用别人的大脑和知识,所以我们必须带着敬意请教别人。只要我们带着敬意、有礼貌地提问,别人一般都很乐意帮助我们。

成为最棒的采访者

或许有人认为:"这毕竟是工作上的事情,如果请教客户的话实在太没有礼貌了,而且会显得自己很没有能力。所有的事情都应该自己调查。"但从掌握事情全局的角度出发,我们必须"采访"客户。

如果我们不请教客户,只依靠自己收集的信息开展工作,就会导致"漏掉重要环节或步骤"的工作失误。

在相铁这个项目中,作为品牌形象重塑的一环,需要改变车辆的颜色和内部装饰。

"车身选用什么颜色?车身如何涂装呢?"

"搭配的座椅该选什么样的?吊环拉手怎么设计?"

针对上述几个问题，我们首先应该罗列出"要做的事情"，然后有序安排工作。如果"要做的事情"中有什么遗漏，所谓的有序安排工作也就变得没有意义了。

顺便一提，当时我差点儿犯了这种错误。

一般来说，电车的车顶上都装有受电弓。相铁的电车车顶上原本装的是菱形受电弓。对我来说，电车车顶的菱形金属是我小时候用蜡笔画电车时就会画上去的部分，一直以来，我都以为这个部分跟发动机一样，没有任何设计的余地。

通过请教专业人士我才发现，原来受电弓除了菱形受电弓，还有单臂受电弓。将二者进行比较后，我们认为单臂受电弓更适合相铁新车辆的设计风格。

在相铁这个项目中，我要为车辆设计全新的外观，如果保留了原有的菱形受电弓的话，可能在熟悉电车配件的人看来就会有一种"明明是全新的车辆，却使用了以前的受电弓"的违和感。

当初，我因为自己的想当然，没有打听受电弓的事情，而在相铁的负责人看来，这些"基本常识"没有必要特意说明。于是，这方面的知识获取就出现了遗漏。在工作中，这种疏忽时有发生。这件事让我重新认识到了提问的重要性。

通过获取新知识，我们增加了"是否更换受电弓"的讨论环节，确保了整个设计没有遗漏，能够有序开展工作。

不要不懂装懂

无论是铁道、食品、女性骑的自行车,还是 IC 卡,我对绝大部分事物都很感兴趣,发自内心地想更深入地了解,并付诸行动。

通过提问来获取知识,这对我来说很有趣,能让我乐在其中。所以,好奇心强的人在获取知识这件事上可以说是天生有利的。

即便是没有好奇心的人,只要试着开始查找某一事物的相关资料,就会想要更了解那个事物。一个人越是深入调查,越会发现自己不知道的事情,就会不由自主地想要弄明白这些事情。我真诚地希望那些认为自己好奇心不强的人,试着通过这种方法增强自己的求知欲。

我会不断向别人提问的另一个理由是，我觉得自己不聪明。说自己不聪明，并不是我谦虚或者虚伪，而是我真的这么认为。所以，我一遇到不明白的事情，就会立刻向别人请教。

无论在哪个行业，大家可能都遇到过别人一下子滔滔不绝地跟自己说了很多的情况。

这种时候，成年人往往会摆出一副"似乎听懂了，又似乎没懂"的表情，一边点头一边应付过去。或许有的人在跟别人结束对话后会私下查一下刚才的内容。从年龄上来说，我是一个足够成熟的成年人了，但依然有许多不明白的事情，对于这些事情，我绝对不会视若无睹。

别人如果说了什么我不明白的事情，我就会直截了当地提问："不好意思，您刚才讲到的×××究竟是什么？"

一个公司的创意总监往往都是公司高层直接任命的，所以在员工看来，我就是"社长带来的人"。因此，他们会尊称我为"老师"。我如果因此"高看"自己，装得自己好像很了不起似的，就会关闭获取知识的窗口。

不能装腔作势!不要不好意思!不要不懂装懂!

我们如果有不明白的地方,就直截了当地表达出来。在工作中,我们要敢于展示最真实的自我。我一直都保持这种工作态度,自认为很幸运。否则,我可能无法弄明白自己不懂的知识,无法为工作做好万全的准备。

这样做并不是"为了在他人面前更好地展示自己",而是"为了更好地工作"。我们如果做不到这一点,就无法有序开展工作。

茅乃舍的品牌形象重塑是从知识储备开始的

有序开展工作始于知识储备。

茅乃舍的项目是储备的知识很好地运用到品牌形象重塑上的案例。

茅乃舍给大众的印象是主打无添加的调味料品牌。很多关心食品安全的人可能对这个品牌很信任。

茅乃舍属于久原本家集团。这是一家始建于明治二十六年（1893年）的传统食品厂。随着茅乃舍这个品牌的人气逐渐走高，公司高层希望"重塑品牌形象"，于是他们便找我负责这个项目。

当时我有些犯难，茅乃舍一直以来使用的 Logo 与品牌的方向并没有不符,几乎没有改造的余地。

之后我预测,茅乃舍未来的销售业绩会更上一层楼,所以比起之前可爱、亲民的Logo,干练、有品位的Logo更合适。

有了这种想法后,我开始搜集资料,储备知识,展开想象。

2005年9月2日,福冈开了一家茅乃舍餐厅——Restaurant茅乃舍。作为旗舰店,这家餐厅的建筑采用了茅草屋顶。

在和社长商谈时,社长说的这样一句话给我留下了深刻的印象:"经过千辛万苦,这家餐厅终于顺利开张。开张那天晚上,餐厅后山上挂着一轮满月。"这句话让我想起餐厅后面确实有一座山。那时,我立刻想到,或许这个意象有助于打造茅乃舍新的品牌形象。

于是,我立刻翻阅地图,随后发现Restaurant茅乃舍和陈列着所有商品的久原本家总店之间有一个供奉着天照大神的神社。我又查阅了天照大神的相关信息,发现一个有意思的说法:天照大神之所以会躲进石洞,是因为日食。

于是，我将开业当晚夜空中的满月与供奉着天照大神的神社联想在一起，进而想出"茅乃舍被月亮和太阳守护着"的创意，设计出现在这个看似简单的圆形图案。

顺便一提，大家如果仔细看，就会发现这个圆形图案的线条有细微的粗细差别，这是为了体现日食出现时月亮和太阳都处于同一位置的小巧思。

如今，茅乃舍已成功打入美国市场，今后还将力争发展至世界各地。因此，这个圆形也象征着地球。此外，这个圆还代表着"圆相"。"圆相"在禅宗中表示一笔画出一个圆的作画方式。据说，越是心无杂念的人画得越圆。这与久原本家"不迷失（自我），坚持本质"的理念一脉相承。

而圆形下部的线条稍微鼓起，象征着久原本家的根源——一滴酱油。

开例会的时候，社长尽管一开始对这个圆形的设计提案有些震惊，但当场就接受了。

当初在设计这个 Logo 的时候，假如我一味地想着怎么才能把它设计得更时髦、更帅气,应该不可能想到这个颇有深意的圆形符号。因此,**我们要从各个角度出发,向形形色色的人请教,输入各式各样的信息,得出更好的答案。**

对想法进行"粗雕"

无论做什么事情,我们如果过度关注细节,就会看不到事物的整体。这跟人们常说的那句老话"只见树木,不见森林"是一个道理。

此外,我们如果过于纠结细节,就很有可能偏离初衷。

为了避免这种问题,我采取"削圆"(日语:面取り)的方式。

"削圆"这个词在日语中指削去木材、食材等的棱角,在做菜的时候会经常用到。比如,将白萝卜等削成棱柱。

但我所说的"削圆",更多的是指将棱角大致削掉,类似于雕刻时先大致处理木材形状的步骤,也就是粗雕。比如，我们要雕刻一个立正姿势的木头人，就要先将长方体木材上方的四个角大块地削掉，使木头的上方接近球形，然后再雕刻细节部分。我们要雕刻一个展开双臂的木头人，就要在削掉几个角后，大致削出一个倒三角。也就是说，**先清除多余的部分，以大致的形态把握整体，然后再关注细节部分。**

以相铁这个项目为例，我是这样做的：

- 相铁　　强劲√　　　轻盈 ×
- 相铁　　朴素低调√　　绚烂夺目 ×
- 相铁　　昏暗安静√　　明亮热闹 ×

我先大致将多余的"角"削掉，然后定下初步的规划——"相铁是一个强劲、朴素低调、昏暗安静"的铁道线路。

此外，相铁拥有一百年的历史，将相模川的砂砾运送到横滨并打造了横滨这个城市，为当地居民提供了出行的便利，行驶于内陆地区……这些信息帮助我做出最终的设计。

以雕刻来比喻，要雕刻的是高举双手在眺望的人，还是用四肢奔跑的动物，我们只要确定了大致的形状，就基本有把握了。

这个大致的形状就是事物的主体，也代表一个项目或产品最主要的部分。**我们只要以获取的信息为基础进行"粗雕"，削去多余的部分，就基本能够确定方向和理念。**

之后要做的事情是对"粗雕"进行细节加工，让各个环节任务化，并有序开展工作。因此，"粗雕"的大致形状必须准确。

决定"不做什么事"

与"做什么事"几乎同等重要的是"不做什么事"。

目标越高,人越容易贪多,为了达成这个目标,人们想做的事情会不断增加。这样一来,无论有多少时间都不够用,最后工作多到无法完成。

我们把徒劳无功的事情安排在工作中,这样不仅会耗费大量的体力和精力,导致效率低下,还会影响工作质量。

起初,相铁集团曾希望在品牌形象重塑时打广告,以期吸引更多的人搬到相铁沿线居住。打广告是这个项目的一种手段,但耗资巨大,并且不一定能取得预期的效果。

所以,我提出了反对意见。从个人的感受来说,我从来没有因为看到广告而产生想搬到某条铁道沿线居住的想法。于是，我询问了有关部门的负责人。果然，大家都是一样的，没有人因为看到广告而想要搬家。

在那条铁道沿线没有过良好的体验的人，不可能切身了解沿线的价值。人们只有坐上那趟电车，才可能产生"啊，住在这一带也很好"的想法。所以，我们要想办法让人们乘坐这趟电车。

如果一条铁道途经著名的观光胜地或热闹繁华的市中心，即便不做宣传，人们也会络绎不绝地前来，沿线的魅力很容易被大家了解。

相铁沿线除了横滨（站），还有一个动物园，一个二俣川的驾照中心。也就是说，能吸引人前来的地方只有三个，因此，我们很难靠这些让人们产生想要搬家到这里的想法。

经过一番思考，我想到了"横滨自然周"这场活动。

相铁沿线有一个绿意盎然的"儿童自然公园"，还有一个栖息着锹甲、萤火虫、翠鸟，并且能够和动物们亲密接触的小型动物园。在这里，人们甚至不用带工具就可以体验BBQ（户外烧烤）。不过遗憾的是，除了附近的居民，很少有人知道这些地方。

因此，我想，如果能够打出宣传"相铁是一条都市和自然相结合的铁路"，那么今后年轻夫妇或刚有了小宝宝的家庭便有可能将沿线住宅纳入考虑范围了。

原本，相铁集团内部就将这种年轻夫妇或刚有了小宝宝的家庭称为"快乐家庭阶层"。我认为这是一个相当棒的称谓，由此产生了"希望通过'横滨自然周'活动吸引这个阶层的人前来，并使相铁沿线产生独特的价值"的想法。

目的明确后，"不做什么事"也就明确了。

从这个角度考虑，项目成立之初的洽谈非常关键。

"我们要重塑铁道的品牌形象，所以要打广告、重新设计车厢。"我相信有很多项目都是在这种大框架的定位下就草率开始了，但这样贸然开始推进工作十分危险。

"好了,我们要打广告了。如果新车辆打算在 2017 年 1 月开始运行,倒推一下,我们在 × 个月前就要在车内张贴广告,而报纸广告要在 × 月就刊登出来。那么,我们这样安排工作吧……"

"好了,接下来我们开始准备为车辆进行新的设计。我觉得红色不错,先做一下预算吧。让涂装公司先做一个施工安排,然后我们再……"

乍一看,好像工作推进得非常顺利,而且似乎也进行了有序的安排。但整个过程完全没有知识的储备,也没有发挥想象力,对项目前景的预测、目的的明确、整体的把握全部省略了。

究竟是为了什么在做这项工作?目的是什么?前景是什么?这份工作会对社会产生什么影响? 在项目的初期,我们必须认真确认这些看似青涩、不成熟的问题,然后做好充分准备。否则,所谓的有序开展工作就会成为一张失去意义的日程表。

在这一章的内容中,我为大家介绍了确定目标后,为了绘制出抵达目标的"路线图",我们要做的事情——努力收集信息、确定理念。在接下来的第三章,我将为大家介绍如何向目标前进。

第三章

用最短的距离向目标前进

——有关时间与效率的几点问题

1

在所有工作中时间是最重要的

① 所有的工作正是因为有了时间这个夹具才能够被"测量",才得以顺利开展。
② 我们不要去想提高质量和遵守时间哪个更重要,两件事都要重视。
③ 遵守截止时间,重视与他人的约定。

所有的工作都有时间刻度

为什么所有的工作都需要有序开展呢？因为时间是有限的。

所有的项目都有截止时间。这是为什么呢？因为时间是有限的。一个月平均只有 30 天，不会变成 40 天。一天只有 24 小时，对任何人都一样。

而且，我们的生命也是有限的。**正因为生命是有限的，所以无论什么项目都必须有期限。**

这个世界上不存在不受时间约束的事物，我们是被时间支配的。因此，无论什么工作都必须像制作视频或音乐作品那样，考虑在多长时间内完成。

在机械领域有一个叫"夹具"的东西。比如，我们要想让机械准确地完成"每间隔3厘米打一个孔"的操作,就要使用测量长度的夹具,利用这个工具在每隔3厘米的地方钻孔。借助夹具,机器可以在短时间内高效地完成作业。

在机械领域,夹具是物理上的长度,而工作中的"夹具"便是时间。

所有的工作都因为有了时间的约束而高效地推进。**那些总是完不成、无限拖延的工作,可能正是因为缺少了"时间"这个"夹具"吧。所有的工作正是因为有了时间这个夹具才能够被"测量",才得以顺利开展。**

比起创造出好的东西,遵守时间更重要

创意总监的工作总是被世人误会。

"比起按照日程完成工作,创造出好的东西更为重要。"

"创意这种事情无法靠时间来解决。"

这种观点甚至会影响到创意总监本人。

可能在整个设计界,这种倾向都比较严重。那些认为自己无法遵守截止时间或不善于有序开展工作的人,可能内心有错误的认知,以为"自己的工作只是创造出优秀的东西而已"。

这类人往往认为,只要成品优秀,无论耗费多少时间都

没关系。

虽然很多优秀的设计界新人都存在这种认识上的误区,但令我惊讶的是,人们竟然会产生这种想法。明明从客户那里收取了报酬,答应在某个日期前做完某项工作,却心安理得地认为"只要能做出好的成品,不遵守这个约定也无所谓",这种想法令我感到不可思议。

截止时间 > 创造出好的东西

这是一条绝对的规则。我认为,在这个世界上,没有比时间更强的限制了。

善于管理时间的人,也善于管理工作

针对那些难以遵守截止时间的年轻员工,我会这样说:"学学罗纳尔多吧。"

克里斯蒂亚诺·罗纳尔多是一个世人皆知的超级体育明星。他不但足球踢得好,长得还很帅。

我会告诉员工,我们也可以像罗纳尔多那样,兼顾工作质量和截止时间。**我们不要去想提高质量和遵守时间哪个更重要,两件事都要重视。**

刚创业时,我就是一个无名小辈,连自己的工作室都没有。

对于当时找我做设计工作的客户,我暗下决心,不仅要做出好的设计,还要遵守约定的时间。所以,一直以来我都严格要求自己，一定要在截止时间前完成工作。

遵守截止时间，重视与他人的约定。

这件事虽小，却是我在客户那里获得信任的重要原因。因此我才能跟汤野浜温泉"龟屋"、中川政七商店等客户保持10年、15年的合作。

我的口头禅是，"善于管理时间的人，也善于管理工作"。

自己的心情、身体状况、公司内部的人际关系等，我们在工作的时候会遇到各种让我们难以遵守时间的"障碍"。我也明白，要想完全无视这些"障碍"非常困难。

面对这些"障碍"，我们如果想如期顺利完成工作，就不能将自己、客户或上司放在优先地位，而要将"时间"放在优先地位。

虽然做好自己的工作是理所应当的事情，但有时候即使我们再努力也无法顺利推进工作。这时除非遇到自然灾害这种不可抗的客观情况，一般情况下，我们要想严格遵守截止时间,就要依靠有序开展工作。有序开展工作,可以解决工作中遇到的 99% 的问题。

"工作质量固然重要,但也要兼顾截止时间。"拥有这种意识非常重要。

"只要出色地完成工作,效率低也没关系。""要想出色地完成工作,就需花时间。"这些想法其实都是人们的臆想。我们对待工作的态度应该是"**又快又好地完成工作**"。

高效、出色地完成工作——这件事我们能做到,也应该以此为目标。

2 要在截止时间前完成工作

① 在规定时间内完成工作,是实力的一种表现。
② 如果客户没有明确告知截止时间,我们就主动提出"在某月某日截止"。
③ 如果这个截止时间并不具体明确,就相当于没有确定。
④ 不随随便便设定截止时间,不给自己留太多的余地。

截止时间,意味着在那之前完成所有的工作

平面设计师仲条正义曾告诉过我一句话:"**截止时间,意味着在那之前完成所有的工作。**"这句话深深影响着我。

也就是说,一项工作的截止时间到了,就意味着要让成品问世了。

可能艺术家创作一个作品并不受限于截止时间,但我们只要在这个社会上生存,就必须面对截止时间。

对于仲条正义的这句话,我就是这么理解的。他的话令我醍醐灌顶。就连相继为"资生堂 Parlour"(资生堂旗下一家综合性咖啡馆)、可果美(KAGOME)、时尚购物中心PARCO 等做出划时代设计的仲条正义,也是在截止时间的约束下完成工作的,那我就更应该如此了。

其实，怕麻烦的我更喜欢慢悠悠、懒洋洋的状态。我喜欢在家看电视，陪孩子玩耍，发发呆，想些有的没的。我甚至认为，如果没有截止时间的话，我可能就不会工作了。

虽然"不会工作了"可能有些夸张，但如果没有截止时间的话，我的整个工作状态就会缺少紧迫感，做出来的成品质量也不会很高。

如果"截止时间，意味着在那之前完成所有的工作"，"我尽力了，却没能完成"这样的借口就行不通了。

比如，上司要求你在 3 月底为新产品做出三个策划案，到了 3 月 31 日，你却说"我没完成"，这就说不通了。

在 3 月 31 日做好的策划，即便呈现出来的成品就像小孩子随手写的纸条一样，只有"说不清楚原因，但感觉这就是能大卖的产品"这种简单的说法，也算是交差了。不过，其他人会根据这个成品判断，这就是你的全部实力。

"要是有更多的时间,我就能做出更好的东西。"这种借口是没有用的。虽然这有些严苛,但我认为,**在规定时间内完成工作,是实力的一种表现**。

养成明确截止时间的习惯

在 Good Design Company，我们会定期开例会，各个小组的设计师会向制作人分享日程安排。

这样做是因为，我们公司的每个小组都不止负责一个项目，公司需要掌握各个小组的进度，预测各个小组能否按期完成项目。

我们公司的制作人，同时也是我妻子——水野由纪子颇为擅长有序开展工作。她在公司开例会时偶尔会感到困惑。因为当她确认截止时间时，有些设计师回答"我也不知道"。

这些设计师声称"客户没有明确说明什么时候交初稿，所以我现在还在准备中"。也就是说，由于客户没有明确截止时间，所以他们也不知道。这在工作中是一大禁忌。

比如，如果我们负责的工作是制作舞台剧的小册子，我们在舞台剧首映日前就必须将最终成品做出来。只要演出日期确定了，即便客户没有要求截止时间，我们也能够推算出小册子的完成时间。

我们可以这样推算：如果我在某月某日前没有交稿，小册子在演出前就来不及下厂印刷了。所以，我必须在某月某日前把设计稿发给客户，并获得认可。这么算下来，我就要在某月某日前将初稿完成……

虽然我为大家介绍的是我身边发生的事情，但这种事在各个行业都经常遇到。

因此，如果客户没有明确告知截止时间，我们就主动提出"在某月某日截止"。

要注意的是，确定截止时间并不是单方面的事情，客户可能会提出"能不能再提早一些"这样的要求。如果这项工作需要赶进度，那么我们最好尽早掌握有关信息，以便安排工作进度。

对于上司交给我们的工作,我们有时不方便跟上司确认截止时间。这时,我们可以自己设一个假定的截止时间。

不论对方是否提出,截止时间都是存在的。

在"自己也不清楚截止时间是什么时候"这种状态下,我们绝对无法有序开展工作。

截止时间精确到哪天几点

由于截止时间不明确,自以为时间充裕,可以慢慢悠悠地做事,客户却突然问起工作进度:"那份资料,差不多做好了吧?"自己会突然陷入恐慌中。这种状况时有发生。

即便确定了截止时间,如果这个截止时间并不具体明确,**就相当于没有确定。**

"拜托你尽快完成!"

"希望这份材料在今天能交给我。"

"这个星期内能完成吗?"

当我们询问客户"这项工作需要什么时候完成"时,客户经常给出上述这种模糊的回答。

所谓的"尽快"其实并没有基准,所以可以无限延期。安东尼奥·高迪估计会说:"尽快吗?好的,再给我50年时间,我就能完成圣家族大教堂的设计。"对"尽快"这个概念的理解因人而异,可能有的人觉得是下个月,有的人则认为下一年也可以叫"尽快"。由此可见,"尽快"这个词是多么"危险"的说法。

在工作中,描述"时间"这个可以计量的概念时,切忌使用没有标准或统一概念的词语。

当对方说"尽快"时,我们就要本着打破砂锅问到底的态度进行具体确认:"尽快是什么时候呢?下个星期二13点前完成,这个时间可以吗?"

此外,"今天"这个词在不同行业、不同领域、不同人看来也是不同的。因此,我经常跟自己的员工使用"在哪一天几点前必须完成"这样的说法。

"今天"究竟是指今天的23点59分,还是指对方今天下班之前呢？如果截止时间是今天的 23 点 59 分的话，那么是不是第二天一早提交也可以？第二天一早又是几点之前呢？

我们要放弃使用"尽快""今天""加急""这个星期内""这个月内"这种存在个人主观感受的词语，应该养成使用"确切时间"的习惯。我希望大家今后在工作中能够使用"几月几日 + 几点"的方式确认截止时间。

设定一个"正式截止时间前的截止时间"

与客户确认的截止时间，属于正式的截止时间。在跟客户确定好正式的截止时间后，我们可以再给自己设定一个"正式截止时间前的截止时间"。

如果客户跟我们约定"要在8月8日13点前交货"，那么自己设定的"截止时间前的截止时间"最好是8月1日，最晚不要超过8月3日。

我们之所以这样设定截止时间，是因为中途可能需要修改，或者一旦发现有遗漏的地方，还来得及补救。此外，也有可能在发货时出现问题，甚至还有可能因为自己的身体原因或天灾人祸而影响交货。我们只要预留出一定的时间，即使出现上述问题，也能在正式截止时间截止前解决好。

为了能够在正式的截止时间前完成工作，就要在那之前设定一个起到缓冲作用的"正式截止时间前的截止时间"。

正是因为有了这个"缓冲的截止时间"，我们才能很好地遵守与客户约定的截止时间。

不过，如果为了应对突发情况而将"截止时间前的截止时间"设定得过早也会出问题。比如，将时间设定在正式截止时间前的一个月，反而有可能到了正式截止时间还未完成工作。**自己给自己设定的时间远远早于规定时间，只会起到反作用。**

这与我们平时早起设定闹钟是一个道理。我们打算在早晨7点起床，因为怕睡过头而设定了一个6点的闹钟，但当6点的闹钟响起时，我们却认为"时间还早，还有一个小时呢"而再次睡过去，这样往往容易睡过头。可能大部分人都有过这种经历。通过这个生活中的小例子，大家很容易理解为什么不能将"正式截止时间前的截止时间"设定得过早。

不随随便便设定截止时间，不给自己留太多的余地。这种稍显严苛的时间设定，有助于我们按时完成工作。

3 为新工作提前准备好"时间盒子"

① 即便是需要耗时 3 年的项目,我们也要像对待只需 3 分钟的速食拌面一样有序安排工作。

② 对于任何工作,我都会先想象出一个"时间盒子"。我会从"3 天""1 个星期""1 年"等各种规格的时间盒子中选取一个适合的,然后把要做的工作放进去。

将长期的项目视为"速食拌面"

即便是不善于有序开展工作的人，在日常生活中也能够有序地做一些事情。

我们以做速食拌面为例来解释。我们在做一份速食拌面时，会先打开包装，把蔬菜料包倒入面桶中，然后倒入开水，等待3分钟，再把水倒出来，并加入调料包，迅速地搅拌均匀。这件只需要几分钟的小事，几乎所有人都能够按照顺序完成。

我相信极少有人会随随便便倒入热水，根本不管水量是不是够，或者不看泡了多长时间，等到想起来的时候再把热水倒掉。

相反，有些人可能连将热水倒进去以后要等几秒，盖上盖子再闷几分几秒都有讲究。

也就是说，**绝大多数人都可以在短时间内做到有序安排事情。**

请各位读者想象一下我们着急回家上厕所时的情景：在公寓大门口我们就已经从口袋里找出家门钥匙了，进了电梯后立刻按下楼层，打算电梯门一开就拿出钥匙开门，但脱鞋还要花一点儿时间，所以在电梯里就提前解开鞋带，这样就能节省时间……

对于紧急事态，我们往往能迅速做好安排。

消防员、警察、医生护士等专业人士在极短的时间内就能决定好先做什么再做什么，他们能够非常出色地有序开展工作。

反之，越是长期的项目，大家越容易在时间上松懈，往往很难有序开展工作。这是因为随着时间的增长，人们对时间的紧迫感就会减弱。

即便是需要耗时3年的项目，我们也要像对待只需3分钟的速食拌面一样有序安排工作。我们需要做好这样的心理建设。 我们如果将这个项目的时间看作3年，就很容易产生时间还很充足的想法；如果将这3年的时间分成三等份，每一年都分割成12个月，每个月的30天（取平均数）还要除去不工作的周六周日的话，就会发现我们每个月只有22天完成这个项目了，这样我们就有了紧迫感。

将工作放入"时间盒子"

我们认识到时间的重要性,明确了工作的截止时间后,就可以进入下一个话题了 —— 如何才能有序开展工作。

对于任何工作,我都会先想象出一个"时间盒子"。我会从"3 天""1 个星期""1 年"等各种规格的时间盒子中选取一个适合的,然后把要做的工作放进去。当我把这些工作都做完时,这个项目就算结束了。

比如,相铁的品牌形象重塑项目十分庞大,各种工作堆积如山,时间盒子一下子就被塞满了。当初,我之所以将相铁的项目定位为"100 年计划",是因为要做的事情数不胜数,所以必须准备一个巨大的时间盒子才能容纳。

如果我手上现在有 A 和 B 两个项目,一般来说,我就会分别准备适合这两个项目的时间盒子。

如果项目 A 一个星期左右就能完成，我就要准备相应大小的时间盒子，并计划好"正式截止时间前的截止时间"。

如果项目 B 需要一个月左右才能完成，我就要准备相应大小的时间盒子。当项目 A 和项目 B 的时间交叉时，我为项目 B 准备的时间盒子可能就是"一个半月"大小的了。

在这个项目中要做的事情是什么？工作量有多少？我们必须有能力预测这些。如果大家将第二章中介绍的准备工作尽可能地做充分，这种预测就会更加准确。

我们预测好了工作量，接下来应该准备多大的时间盒子呢？这取决于我们安排工作的能力，也可以说是预估时间的能力。

要想在规定的空间内将物品都堆放进去，需要一定的技巧。

比如，我们在准备便当时，如果没有想好这个便当盒能放

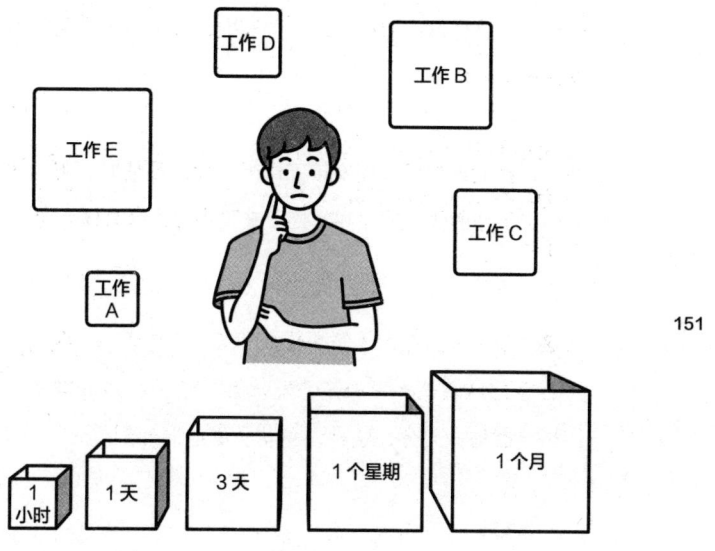

选择合适的时间盒子

多少菜,就很容易出现便当盒装不满或者做好的菜剩下了的情况。我们如果按照"幼儿园儿童的便当""成人的午餐便当"等不同标准决定菜量的话,就能准备大小合适的便当盒。这样做出的便当既符合标准,又不会出现菜量不够或剩余的情况。

那么,我们该如何有序安排工作呢?如何预估时间呢?如何确定工作的优先顺序呢?接下来我将为大家具体介绍。

4

不考虑这份工作是艰难痛苦，还是轻松愉快

① 我们不需要考虑工作孰轻孰重，只需要通过时间长短来衡量要做的工作即可。

② 我们不仅要清楚自己手中的"牌"，还要在一定程度上了解客户、团队成员和其他工作人员手中的"牌"。

工作全都是用"时间"来衡量的

在往时间盒子里装"要做的工作"时,我们可以想象俄罗斯方块的样子。

俄罗斯方块是大家都很熟悉的小游戏,这个游戏需要将各种形状的方块排列成完整的一行或多行后消除得分。

正如俄罗斯方块中各种形状的方块一样,"要做的工作"也有不同的"形状"。

修改交给客户的提案书、与上司商量项目事宜、项目所需经费的计算等,工作内容的"形状"远比俄罗斯方块复杂得多。"要做的工作"不仅有圆形、三角形,甚至有时还会出现球体或不规则的形状。

看到这里,大家可能会觉得将所有工作都正好放进时间盒子里根本就不可能。工作有很多种完成方式,比如分轻重缓急等。

我为大家提供一个有序开展工作的小窍门:所有工作都用"时间"来衡量。

也就是说,**我们不需要考虑工作孰轻孰重,只需要通过时间长短来衡量要做的工作即可**。这样做可以将"形状各异"的工作统一成俄罗斯方块般的正方形,我们再把这些工作放进时间盒子里就容易多了。

我们一定要注意,不要用"工作的重要程度"或"个人精神上的感受"来衡量工作。如果我们产生了"这项工作虽然 10 分钟就能完成,但做起来很痛苦""这项工作虽然需要花 1 小时,但是做的时候很开心"这样的想法,工作的衡量标准就会被打乱。

比如,我们可以将 30 分钟视为一个"方块"。在短时间内可以完成的工作算作 1 个"方块",需要长时间完成的工作算作 6 个"方块"等,所有的工作都用"方块"的数量来衡量，这样就能很规整地把这些工作放进时间盒子里了。

有时，在"1天"的时间盒子里，"13点至15点"的位置可能已经被占用了，遇到这种情况，我们只要将"方块"放在上午或者15点以后就可以了。

有时，我们会将时间盒子塞得满满的；有时，会出现"一个星期后工作时间就截止了，仍需要30个'方块'才能完成这项工作"的情况。我们尽量将这些方块都塞进时间盒子里就可以了。

不论是哪种情况，重点在于我们首先要用时间机械地衡量工作。

像打麻将一样机械地思考

把工作放进时间盒子里时,我们需要考虑优先等级。这时,我会将这些工作进行"视觉化"处理。

我会将各种各样的工作想象成麻将牌,按照摆牌的顺序一字排开。我会将自己的工作按照优先等级从左到右依次摆好。有时,客户和其他工作人员会打出他们手中的"麻将牌"(工作),他们出的"牌"会影响我的工作计划。这时,我会从自己的"牌"中挑出一张打出去,空出位置,将对方打出的"牌"拿过来,按照优先等级调整顺序。

这里所说的"优先等级"并不是指工作的重要程度,而是"优先完成的顺序"。工作要通过时间而非内容去衡量,在这一点上,将工作想象成俄罗斯方块与想象成麻将其实是一个道理。

我们在考虑将对方打出的"牌"（交给我们的工作）放在什么位置时，必须正确把握各项工作的优先等级。

虽然我们在工作中经常会遇到客户或其他工作人员要求我们加急做某项工作的情况，但这张"新牌"放在什么位置，决定权在我们自己手中。

我们要从全局的角度审视自己手中的"牌"，如果发现有比对方交给的工作更急的工作，就要如实告知对方。如果有些员工手中原本就有许多必须尽快完成的工作，我们就要避免将着急的工作交给他们。

也就是说，**我们不仅要清楚自己手中的"牌"，还要在一定程度上了解客户、团队成员和其他工作人员手中的"牌"**。

我们虽然在打麻将的时候不能看对方的牌，但在工作中可以看其他人手中的"牌"。

至少，我们要事先了解同一个团队的成员手中有什么样的"牌"，它们是怎么排序的。

如何让计划顺利实施

① 除了外部因素影响,我们还要找到自身问题的根源,并预测需要花多少时间解决这些问题。
② 我们要经常重新审视自己的时间安排是否合理。
③ 通过将"灵活机动的时间安排"与"严格的程序化"组合在一起,我们就能够按时、高质量地完成工作了。

安排时间时要留有余地

在工作中,很多新人都会有下面这样的烦恼。

"原本我规划好了时间,但上司总是找我做其他事情,导致我的时间安排都被打乱了。今天已经比自己原本的计划晚了1小时……"

这个问题的解决方法其实非常简单。只要我们在安排时间时留有余地就可以了。

临时被委托做某项工作,突然被上司叫去谈话,发现工作失误后必须立刻处理……在工作中,我们会遇到许多突发情况。在将"方块"(工作)放入时间盒子时,我们不要将"方块"塞得毫无缝隙。这跟前文为大家介绍过的起缓冲作用的"正式截止时间前的截止时间"类似。

比如，某项工作需要 1 小时的时间来完成，算上其他事情可能干扰的时间，我们就要给这项工作留出 1.5 小时的时间。

规划赶路的时间也是如此。我们在谷歌上查到，前往目的地需要 33 分钟，以防万一，最好预留 45 分钟。

在安排工作时，预留充足的时间很重要。如果没有留出"缓冲"的时间，只留出工作的时间，这种时间安排就过于"自顾自"了。因此，我们在安排时间时，一定要留有余地。

我们要想确定自己在完成工作过程中会受到多大的影响，需要多少"缓冲"时间，就需要发挥我们的预测能力。

使我们手头工作中断的原因并不一定都来自外部。有时我们会因为自己没有干劲、感冒了、天气不好而偏头痛等这些自身状况而使工作进展受阻。因此，**除了外部因素影响，我们还要找到自身问题的根源，并预测需要花多少时间解决这些问题。**

另外，如果可能的话，我们最好对身边的人也做同样的预测。

比如，后辈可能因为跟男朋友吵架而没有干劲；客户或许会因为孩子的入学典礼而请假等，我们要尽可能地去想象和预测。不过，即便如此，我们依然不可能预测出所有的事情。所以，我们需要准备一个稍微大一点儿的时间盒子。

每隔 3 小时重新审视一下时间安排

· 储备知识、展开想象、预测突发状况，做足准备；
· 设定正式的截止时间和"缓冲"性质的截止时间；
· 在所需时间的基础上，将工作想象成"俄罗斯方块"；
· 在稍大一些的"时间盒子"里放入"方块"时要留有余地。

做到以上几点，就意味着我们完成了有序开展工作中"时间安排"的部分，但这并不意味着我们就能够有序开展工作了。

有些人认为，在做好工作安排后，只要原封不动地按照这个安排操作就可以了。但我认为，正是这个想法导致他们最终无法有序开展工作。

我经常跟自己公司的员工说,时间安排应该是经常变化的。我认为,每3小时就需要重新审视一下时间安排。或者我们可以养成每完成一部分工作后,就重新审视时间安排的习惯。至少做到早中晚每天三次重新审视自己的时间安排。

虽然时间安排需要预测能力,但没有人拥有完美的预测能力。一般情况下,预测不可能把所有情况都考虑进去,工作中多数情况下会遇到突发状况。

即便我们在安排时间时已经完全掌握了自己要做的工作,之后也可能增加新工作。这就要求我们能够**经常重新审视自己的时间安排是否合理**。

此外,有些工作日程最初无法确定下来。我们公司最年轻的员工在安排时间时,总是无法确定什么时候进行拍摄。因为他的时间安排取决于找哪位摄影师,那位摄影师什么时候能来拍摄。如果这位员工擅自强行安排时间,后面就会出现更大的问题。因此,他能做的就是在时间没有确定下来前,做一些力所能及的事情,比如找好备选摄影师等。最终确定请哪位摄影师后,这位员工再根据对方的时间安排工作。

在我的公司，每天早晨制作人和设计师都会在公司内部进行时间安排的交流，并且之后每隔3小时分享一次进度。

通过这种频繁的沟通，设计师就不会有时间进度上的担心了，而制作人也能够最大限度地提供帮助。

综上所述，时间安排不要一步到位，应该不断修改。也就是说，我们要不断更新日程。我认为，我们只有这样做，才能按时地高质量地完成工作。

制作时间安排表

我们该如何制作时间安排表呢？让我们按照顺序具体看一看。

（1）将"要做的工作"全部列出来

我们先将"要做的工作"逐条写下来。不论是工作重点，还是预约会议室这样的小事，只要跟达成目标相关的事情，我们都要写下来。

（2）确认"正式截止时间"和"正式截止时间前的截止时间"

比如，为了赶上相铁新车辆"出道"的日子，我需要推算出应该在什么时间前做完什么工作。为了完成这些工作，我会设定诸如"座位设计要在 × 月 × 日前确定下来""车厢的颜色要在 × 月 × 日前确定下来"这样的"截止时间"。

当然,客户提出的"要在×月×日前提交初稿"这样的截止时间是包含在内的。

(3) 针对"要做的工作"设定所需时间
我们要大致确定这项工作需要多长时间才能完成。在完成这一步时,我们应注意,不要在意工作的重要性、难易度,而应依据时间来衡量。

(4) 将"要做的工作"放入"时间盒子"
在完成这一步时,我们应结合正式截止时间、自己设定的截止时间、这项工作所需的时间,半机械性地将"要做的工作"放入"时间盒子"。这样一来,时间安排表就完成了。

很多读者可能已经发现,我们其实没有必要具体安排每一项"要做的工作"。

以我们公司的工作为例,无论是产品设计、铁道公司的品牌形象重塑,还是包装设计,几乎都需要"拍摄"这项工作。也就是说,"拍摄"对我们来说就是一项程序化的工作。

敲定摄影师的时间→准备拍摄物→确定外景地→获得拍摄许可→确认拍摄当天的天气情况→安排拍摄车辆→预订工作便当……

如上述流程所示，我们在"拍摄"这项工作上总是在进行程序化的操作，因此，没有必要每次都重新考虑要做什么事情。我们只要制定好时间安排表，之后的事情就不用过多费心安排了。最重要的是，这样做不容易出现工作上的失误，会提高工作质量。

此外，"正式截止时间"与"正式截止时间前的截止时间"也有固定的模式。

比如，某位客户固定在每个月的月末开例会，我们就可以将每个月第三个星期结束前确定为一个截止时间，并在那之前将初稿交给这位客户。

另外，针对不同的对象，我们要采取不同的工作模式。比如，跟 A 公司合作，项目负责人虽然同意了提交的设计稿，但在截止时间前总会突然告知"部长最终没有批准这个设计稿"。对于这种情况，我们可以这样安排工作：在截止时间的10天前完成设计稿,前3天用来让项目负责人请示部长,如果有需要修改的地方,就利用剩下的7天做出修改。虽然这种做法看起来有些麻烦,却能够帮助我们有序开展并按时完成工作。

为了提高工作质量,我们应该制作一个时间安排表。这样我们才能够很好地完成工作。

不过,这个时间安排表与其说是"日程安排",不如说是"工作列表"。我们应该在"要做的工作"旁标注好日期,并且不要过度地被"时间安排"局限住。因为时间安排表并不是绝对的,而是在工作过程中不断修改的。

在相铁的项目中,我中途想到"如果要改变车站的设计,就要连车站里放置的自动售卖机的颜色也要与整体风格统一起来"。于是,我中途修改了时间安排,加入这一项工作。**通过将"灵活机动的时间安排"与"严格的程序化"组合在一起,我们就能够按时、高质量地完成工作。**

第四章 / 为了给大脑留白,我们要有序安排工作

1

为什么有序开展工作很重要

① 没有压力且高效地完成工作的诀窍就是,不要把想法储存在大脑中。
② 把自己的想法"抛之脑外",便能清空大脑中多余的杂念,从而减轻压力,这样更容易产生灵感。
③ 总是让自己"脑袋空空",才能涌现出新的想法。

把想法从大脑中提取出来

在第三章,我主要为大家介绍了时间的重要性及与时间安排相关的内容。我们只要掌握了项目整体的日程,就知道今天要做什么事情了。

接下来,我想为各位读者介绍一下如何管理一天要做的事情。

没有压力且高效地完成工作的诀窍就是,不要把想法储存在大脑中。

我们应该把"要做的工作"和"想到的事情"从脑子中全部提取出来。总是想着许多事情的人,往往连眼前的工作也做不好。大脑被各种各样的想法塞满,会阻碍我们的行动。

把想法从大脑中提取出来,一般来说有三种做法:写在纸上、输入手机、抛给别人。

(1) 写在纸上
现在,公司的员工会为我处理许多工作上的事务,这大大减轻了我的负担。因此,我的工作比以前轻松了很多。我刚创业时,曾将所有的事情都列在一份"要做的事情"的表格上。那时,我每天罗列下来的事情几乎能写满5张A4纸。从订单的制作到缴税,事无巨细,凡是要做的事情,我全部都会写下来。

虽然那时我每天都处于应接不暇的状态,但这种做法使我的大脑中一件杂事都没有。虽然写在纸上听起来是一个微不足道的做法,但这一做法对减轻我们的压力极为有效。

(2) 输入手机
我会将打算之后再看的文章、灵光一现的想法等保存到邮件的草稿箱里,或者通过 LINE 发给自己。

跟各位读者说个小秘密,我的邮箱里现在有 279 封草稿。这些草稿汇集着我所有的知识储备、奇思妙想、创意等,比如想去喝酒的小酒馆，员工的性格分类，妻子为儿子创作的《肚脐眼探险队之歌》的歌词……

这些既是我为了有序开展工作做的准备，又是我为了提高自己的品位而做的"知识储备"。可以说，这些草稿既是我积攒的"灵感"，又是我设计的素材。

(3) 抛给别人

可能这种事到了我现在的地位才能做到。每当有了新工作，我都会先抛给公司的员工或制作人。

当我与客户会面时，如果对方跟我说"下次想请您为我们做×××的设计"或者您考虑一下"这项工作能不能做"，我就会立刻发一封邮件，上面记录着"刚才对方跟我说了×××这样一件事，他是这么说的……"

在使用LINE和别人交流时，如果我们谈到了工作上的事情，我就会直接截图并发邮件。

把自己的想法"抛之脑外"，便能清空大脑中多余的杂念，从而减轻压力，这样更容易产生灵感。经常有人问我"您感受不到压力吗"或者"您的大脑不会混乱吗"这样的问题。我并不是感受不到压力,而是通过一些"诀窍"尽量减轻自己的压力而已。

有序开展工作,给大脑留白

说起创意总监,可能很多人的印象都是忙忙碌碌、一直在处理各种事情:那件事怎么样了?这件事怎么解决?这个设计必须完成了,关于那个项目,我们有些意见跟客户不一致……

如果一个人一直处于忙碌不堪的状态,大脑就会混乱无序,无法产生好的创意。因此,保证大脑时常处于"空白"状态非常重要。

关于"有序开展工作",可能会有许多定义,但最主要的是"打造空白"。我们能为大脑提供多少空白,在某种程度上决定了工作的成败。**我在工作前会做好万全的准备,尽量调整好时间,就是为了给大脑创造"空白"。**

我的大脑仿佛一个空白的本子一样，上面没有任何的涂涂写写。正因为这样，当针对"TOKYO CHOCOLAT FACTORY"的项目进行商讨时，我才能够像打开电视机一般，大脑立刻浮现出 TOKYO CHOCOLAT FACTORY 的创意。**总是让自己"脑袋空空"，才能涌现出新的想法。**

大脑"一片空白"，就能给任何事情都留出思考的"空间"。这就好比本子是空白的，我们可以想画什么就画什么。需要思考的时候，我将调色板打开，开始作画，画完以后将这幅画撕下来交给工作人员或客户，这样就可以使本子一直保持空白的状态了。

我曾听说小山熏堂在与客户商讨工作事宜时不会做过多的准备，他总是让自己的大脑"轻装上阵"。有些人可能会对这种做法嗤之以鼻，认为"这不就是什么都没想嘛"。但我认为，**正因为他有意识地在大脑中创造了"巨大的空白"，所以他才能当场提出优秀的创意。**因此，我也效仿了这种做法。

小山熏堂的口头禅是"这么说来"。在和他讨论问题时，经常听到他说"啊，对了"或者"这么说来"这样的话。

紧接着他就会说出令人意想不到的好创意。

他如果事先做了过多的思想准备,"我要说这个,那件事也要说",恐怕就不会有出色的临场发挥了。大脑中堆积太多东西的话,我们就无法产生优秀的创意了。所以,我们需要将大脑中的想法提取出来,并把它们记录下来。

通过万全的准备,为大脑创造空白

我们应该怎么做,才能为大脑创造空白呢?这就需要我们**把看起来有用的材料事先收集好。**也就是说,我们要事先把工作所需的每一步都安排好。

比如,参观现场这项工作,基本都在某个项目正式开始前就要完成。虽然参观现场听起来并不会对提高工作效率有多大帮助,但在做设计时有没有看过现场,最终输出的成品可谓天差地别。

在为"FLANDERS LINEN"这个品牌做推广时,我曾自费前往该品牌所用的原材料产地进行参观。这个品牌将比利时当地产的高品质亚麻做成了布包等产品进行销售。我前往比利时的亚麻产地,并参观了周边的博物馆等。正因为我去过现场,感受到了那里的氛围,所以现在这个项目进展得非常顺利。

有时,我的客户会对我的做法表示不解,问我:"你不去现场也无所谓吧?"但我认为,如果没有亲眼所见,自己的感觉就会出现偏差。人的感觉非常敏锐,如果不到现场体验,就无法准确地捕捉到一些信息。

建筑家妹岛和世曾说过:"同样是 6 米 × 6 米的房间,选用 20 厘米厚的墙壁和 60 厘米厚的墙壁,人的感受是完全不一样的。由此可见,人能够感觉到很细微的差别。"

如今,我们处于信息爆炸的时代,即便如此,我依然跑到比利时参观现场。或许这种行为看起来是"绕了远路",但正因为我去了现场,才收集到了许多在网上无法获取的重要信息。从结果来看,亲自跑这一趟帮助我尽早高质量地完成了工作。

为了不让工作在开始后出现问题,我们要尽可能地发挥想象力和预测能力,提前把工作安排好。这样做可以帮助我们在大脑中创造空白,最终出色地完成工作。

2 不要将工作一直积攒在手里

① 只要尽可能缩短持"球"的时间,就能够快速完成工作。
② 我们不用刻意追求完美,在某种程度上,只要工作有了雏形,就可以将"球"传给别人。
③ 我们并不需要同时完成多项工作,更好的做法是,集中精力做好一项工作后,再集中精力做下一项工作。
④ 如果因为自己正做到兴头上,而延长做这项工作的时间,就会影响其他工作。

尽可能缩短持"球"的时间

我虽然总是处理许多工作，但从未因此感到压力，我总是很放松。

我之所以能保持这个状态，是因为总是让自己的大脑处于"一片空白"的状态。因此，即便我手头的工作很多，我也不会"掉链子"，保证自己产出新创意。

经常有人因为工作繁忙而苦恼不已。对于这种情况，我的做法是，尽量不把工作堆积在自己手里。这就是为大脑创造空白、尽快完成工作的秘诀。工作就像一个球，我们不要一直抱着这个球，要把球传给其他人，甚至有时我还会将球丢掉。

只要尽可能缩短持"球"的时间，就能够快速完成工作。

这件事并不是因为我现在当了老板才能做到，即便是公司的员工也能做到。比如，我们要与印刷厂或文案撰稿人对接工作时，就要尽早与对方取得联系，把"球"传到对方的手中。对于很容易就能做完的工作，我们绝对不要拖沓，一定要迅速处理掉。

我们公司有一个员工做事情总是拖拖拉拉的，比如，问他："请书法家写字那件事情落实了吗？""插画师找好了吗？"他的回答总是"我还没做"。我们一直任凭工作堆积而不去处理，既会给自己造成巨大的精神压力，又完不成工作。

因此，我们不要将工作积攒在自己手中，要将这个"球"传给别人。我们以这种方式推进工作，工作很快就能做完。

即便完成度很低,也可以提交

为了能够尽快将"球"传递到别人手里,我会利用琐碎的时间处理这些事情。

比如,用 LINE 和客户商量完工作事宜后,我会利用 10 分钟左右的时间组织好语言,跟下属交代一下刚才跟客户商谈的内容,然后让下属写一份企划书,把这个"球"传出去。我如果突然有了灵感,即便刚刚还在看电视,也会立刻集中精力把想到的方案初稿做出来。

我的秘诀就是,即便完成度很低,也要不断推进工作。我们不用刻意追求完美,在某种程度上,只要工作有了雏形,就可以将"球"传给别人。

比如,我们初步完成设计稿时,可以暂时不管细节,先找印刷厂预估一下大致费用，并且这种操作可以反复进行好几次。从以前开始，我就这样做。

我们如果不这样做，就无法知道这个设计是否具有可行性。所以，我们可以先尝试找到印刷厂，选出比较满意的纸张，然后让对方给出估算价格。如果预算只有一百万日元，但印刷厂估算的费用是三百万日元，我们就要及时调整设计方案了，如打印成品时放弃彩印，整个册子都黑白打印等。在很多人看来，让印刷厂估算价格是最后才需要做的步骤，但我会把这一步提前。

工作进度缓慢的其中一个主要原因是"推翻重做"或"从零开始做"，这种现象在我们设计界很常见。对此，我们应该将完成度还很低的半成品先交给客户，这样就不会出现大部分工作都做完了，却被客户全盘否定的情况了。

当然，如果我们服务的对象是大客户的话，可能那个项目的负责人并没有决定权，还会出现高层不认可最终方案，需要重做方案的情况。但这样做至少使我们在项目负责人那里能够避免方案被全盘否定、推翻重做的情况，这也是一种提高工作效率的做法。

不要一次性考虑多件事情

现在社会上有一种风气,人们认为能够同时完成多项工作的人才算优秀。但我并不这么认为。

事实上,我也经常同时处理好几项工作。我在为相铁的车厢做设计的同时,还在参与烧酒酿酒厂品牌的设计,并且还负责代官山文具店、大型超市和日式小摆件的项目。

那么,我是怎么开展工作的呢?

我如果在今天上午的"时间盒子"里放入了"设计相铁工作人员的制服"这个"方块",整个上午就会将其他事情忘得一干二净,只考虑相铁工作人员的制服设计这一件事。

我在设计相铁工作人员的制服时，突然有了一个烧酒包装的设计灵感，但我会把这个灵感视作杂念，专心于手头制服设计的工作。当我处理别的项目时，我又会将相铁的工作完全抛之脑后。当然，这样做也是因为我比较笨拙，没有办法一心多用。

我们在上学的时候，上课时间都是分配好的。大家在上体育课的时候不会去想国语课的事情；大家在做理科试验时，无论多么认真专注，只要下课铃响了，都能立刻切换成准备上下一节课的状态。和这个道理一样，我们只要把这种状态带到工作中就可以了。

不过，工作场所和学校不太一样的是，我们在工作中会接到别人打进来的电话，或者被上司叫去做其他事情。

打进来的电话和上司委派的其他事情都不是"干扰"，而是工作的一部分，我们只能被迫地接受。我们虽然无法改变外部环境，但至少要保证自己在做某件事时精力集中，不去想其他事情。

此外，我们如果无法集中精力做事，不妨花些心思为自己创造一个更合适的工作环境,比如挪到咖啡店办公等。

我们并不需要同时完成多项工作,更好的做法是,集中精力做好一项工作后,再集中精力做下一项工作。

创造能够集中精力的环境

我的灵感可以说非常任性，如果我不给它创造一个能够集中精力的环境，它就不出现。于是，我根据自己的经验，开始留心为自己打造能够集中精力的工作环境。

一旦有声音干扰，我就很难集中精力去工作。有些人喜欢边听音乐边工作，但对我来说，无论什么样的声音都是干扰。如果播放的是我喜欢的歌曲，我甚至还会不自觉地跟着哼唱起来。我追求的理想工作环境是没有声音的地方。所以，有时候我会早起在家办公。

能够集中精力的办公环境因人而异，有些人可能在嘈杂的地方反而更能集中精力。

我们一旦发现了能够使自己集中精力工作的场所，就应该尝试在那里办公。这就好像在自己周围布下"结界"一般。我们要努力打造一个能让自己保持一定的工作节奏、不受干扰的环境。

打造好让自己集中精力的工作环境后,为了不再中断手头的工作,我们还需要事先做好所有的准备工作。

比如,我们可以在一眼就能看到的地方多备几个充电器。我在公司的会议室、自己的办公室放了好几个充电器,甚至家里的客厅、卧室等随处可见充电器。这是因为我在工作中需要频繁使用手机,如果手机突然没电了,就会影响工作。因此,我会保证身边总是有充电器,让手机随时都能充上电。

在这里,我只不过是拿充电器举例而已,其他为我们的工作提供便利的工具也是一样的。比如,有的人会在触手可及的地方准备好笔,这样想用的时候立刻就能拿起来用。

打造良好的工作环境,并不是让大家把充电器放得到处都是,而是说为了不影响工作,**提高效率,我们要多花一些**

心思对办公环境进行改造。我希望大家可以试着思考，适合自己的工作环境是什么样的。

不要妄想再拖延一会儿就会出现更好的创意

原本打算在13点至15点之间集中精力思考某件事，但不由自主地就会因厌倦而开始想其他的事情。这种与自己心情做斗争的情况我也遇到过。

遇到这种情况，我往往会宣告："我要闭关2小时。"然后，我找一个安静的场所集中精力思考一件事。

我从来不会因为时间到了15点，但自己还有兴致继续做这件事而做到17点。也就是说，不要妄想再拖延一会儿就会出现更好的创意。虽然这跟每个人的个性也有关系，但我觉得这种想法有些"赌博的性质"，所以我并不喜欢。

我认为设计和创意都是有正确答案的，而且应该在截止时间前完成全部工作。**如果因为自己正做到兴头上,而延长做这项工作的时间,就会影响其他工作。**因此,我们只要决定了这件事只能做到 15 点,就要在 15 点前结束这件事,然后去做其他事情。从长远来看,这才是提高工作效率的有效方法。

3

事先协商,有利于最大限度地提高效率

① 当场一边和客户沟通,一边不断完善自己的想法,就能更快地找到工作方向。
② 在同样的工作时间,谁能更出色地完成工作,谁就能获得上司或客户的更多青睐。

当场拿出一个方案

为了能够不断推进工作,我一直把"和客户商谈时当场就要提出一个方案"奉为圭臬。

福井县有一个名叫"漆琳堂"的漆器公司。他们曾找我商量创立新品牌的项目。

在和这个项目的负责人交谈时,我当场就提出了一个新品牌的名字,并写在纸上给对方看。姑且不说这个品牌名起得好不好,重要的是要不断提出自己的意见。在最开始的两天时间里,我跟这个项目的负责人商讨了 10 小时以上。通过长时间的商讨,我们大致确定了今后的方向。

创意的关键就在于"当场提出"。在和客户商谈时,我从来都不会跟对方说"好的,我明白您的意思了。我回去再想一想"这样的话，因为回去重新准备方案需要花时间，当时产生的热情也会消退。**当场一边和客户沟通，一边不断完善自己的想法，就能更快地找到工作方向。**这就是我高效完成工作的秘诀。

或许有人会说"你的这个做法对我不适用，我只有在一个人独处的时候才能想到好的方案""回去之后可能会发现当场给出的方案并不合适"等。大家不用担心，我们如果又想到新方案，就把新方案当作备选方案。

我们在跟客户商谈时当场提出了一个方案，回去后又想到一个更合适的新方案，就直截了当地告诉客户"我们又有了更好的新方案"。

有必要的话，我甚至会在跟客户进行商谈时，将不错的想法立刻付诸行动。

我在见福井县鲭江市[1]的市长时，这位市长问我："怎么做才能打响鲭江市的知名度呢？"我给出了这样的回答："鲭

---

1 日本的县比市的行政级别大。——编者注

江眼镜已经在日本家喻户晓,接下来应该宣传漆器了。"

一直以来,日本人对鲭江的认识停留在眼镜一条街,但仅靠这个卖点无法吸引人们前来。于是,我便提出了以漆器为卖点进行宣传鲭江市的想法。此外,我还提出"再打造一个汇集了北陆所有工艺品的'北陆工艺村'"的想法。

我还了解到福井县有许多酿酒厂。这时我想到了中田英寿,他在酿酒方面可以说做出了名堂。于是,我立刻给他发短信询问:"你在鲭江市办过日本酒的活动吗?"中田英寿回复我:"从来没有。"我继续追问:"我现在正在跟鲭江市市长商量搞个日本酒的活动,你有兴趣吗?"中田英寿给出了积极的响应,称"那下次我们谈谈这件事吧"。

为了不积攒工作、当场给出一个方案,我会随时用电话、邮件、短信等进行联络或确认,这样做也能帮助我们快速完成工作。

迅速回复，有利于做好工作

一般来说，我会当场处理掉工作，至少会在自己能力范围内，能做多少做多少。**"将工作积攒下来"这件事在我这里是不存在的**，或者说，我根本无法忍受这种状态。我不仅对工作是如此，而且对银行或政府部门的相关手续也会尽快处理。比如，银行给我发了信息，我看到后就会立刻回复。因此，我总是听到别人跟我说"你回复得可真快啊"这样的话。

我的习惯是，收到邮件就立刻回复。如果某项琐碎的工作可以迅速完成，我就立刻着手去做。这些事一般30分钟左右就能做完。

我们如果能够迅速回复、快速完成工作，就会使别人产生再将其他工作交给我们的想法，我们接到的工作就会越来越多。或许有些人并不认为这是好事吧。

我如果是一个公司的员工,可能就会想"工作量增加了,稍微慢一点儿做吧"。然而,现在开了公司当了老板的我却认为"有工作找上门是应该高兴的事"。我们越是尽早完成手头的工作,越有可能获得更多新的工作,甚至接到大项目。因此,有序开展工作才如此重要。

事实上,公司员工也是如此,越是工作迅速的人越会获得上司的好评,越容易出人头地。越是能够高效完成工作的人,越容易被委以重任;反之,工作效率低的人就会被其他人抢走工作。

为什么这个时代需要教我们如何有序开展工作的书籍呢?这是因为在当今社会,人们已经不再推崇加班,**在同样的工作时间,谁能更出色地完成工作,谁就能获得上司或客户的更多青睐**。以前,我们即便工作效率不高,只要加加班就能弥补一下;但现在公司不再提倡加班了,我们不可能仅靠长时间工作获得认可。我们既然不能通过削减睡眠时间完成工作,就应该注重提高工作效率、有序开展工作。

第五章 团队成员齐心协力 向着目标努力

1

建立超越团队的伙伴关系

① 将外部人员看作自己团队中的一员,与对方保持良好的关系,有助于提高工作效率。

② 有时候,我们如果不能展现真实的自己,不能抛开客套与"伪装",与对方诚恳地交流,就无法与对方建立信赖关系。

③ 在团队工作中,团队成员不论是否在同一个公司、是不是上下级关系、职业是否相同,都必须共享工作目标。

将外部人员看作自己团队中的一员

如果是由一个人独立完成的工作,时间安排就相对容易一些。但对于绝大部分项目来说,我们都必须面对较为复杂的团队的时间安排。

如今,工作的方式多种多样,甚至不少公司采用内部人员与外部人员共同组建团队的方式。

在第五章,我将为各位读者介绍团队的时间安排的相关内容。在团队中做事,我们不能只考虑自己,还要考虑如何更好地跟其他人合作。在当今时代,这也是有序开展工作的一个重点。

对公司和我个人来说,我们公司的制作人、我的妻子水野由纪子是无可替代的存在。在有序开展工作这件事情上,她拥有极强的能力。

在乘出租车回家时,她在车上就会做好用手机支付的准备,并找出家门钥匙。我有时候会想,假如她执笔写这本书,可能比我写得更好。

我的妻子曾在电视台工作过一段时间。那时,她每天都要在规定时间内处理无数的工作。或许现在她的这种工作状态正是那时养成的习惯。

跟大家讲一件我们结婚前发生的事情。有一次,我看到她在电话中跟别人聊得很愉快。后来我才知道对方是停车场的大叔。这件事令我无比震惊。

我问清具体缘由才得知,某艺人事务所的工作人员提出"希望能把车停在停车场方便的位置"。保证艺人能够按时、愉快地工作也是电视台员工的工作。为了应对艺人的这种"自私"的要求,我妻子认为最好和停车场大叔建立不错的交情,以便随时找对方帮忙。那时,刚参加工作的她不仅要负责买零食、饮料,还要和停车场大叔保持良好的关系。

最近,我突然想起这件事,并再次感叹:"这才是为了高效率工作而做出的努力啊!"

我妻子这样做虽然是为了这个节目或那位艺人的方便,但这种筹划对任何节目来说都是有必要的。

由此可以看出,像我妻子这样的做法,将外部人员看作自己团队中的一员,与对方保持良好的关系,有助于提高工作效率。

先试着与客户成为伙伴,再谈工作

一个项目会有公司内部和外部形形色色的人参与进来,且每个人都有自己的立场和价值观。因此,整个团队在开展工作时,势必会产生摩擦或意见不一致。

我们公司至今为止参与了数不胜数的设计项目,几乎没有产生过这样的问题。这是因为我们总是能够**在项目初期与对方进行"真挚的交流"**。

在某种意义上,项目总监是项目的"承包商",但经常被别人尊称为"老师",所以立场比其他工种特殊。

项目的负责人往往已经适应了和我们打交道,但施工现场的工人并不清楚怎么跟我们共事。

2004年,我参与了位于山形县的汤野浜温泉"龟屋"的内部装潢设计。在当地的木工师傅看来,当时的我只不过是一个来自东京的毛头小子。

"创意总监?干什么的?这个人能行吗?"他们虽然在内心质疑我,但当面还是称我"老师",这种关系实在拧巴。对我提出的方案,他们经常冷淡地否定:"你说什么呢?你这种方案我们做不来。""来自东京的老师说的话太难懂了,我听不明白。"

最终,施工不得已停了下来。为了解决这个矛盾,我买了两大瓶酒,带着这两瓶酒去找那些在临时休息室休息的木工师傅。

"大家辛苦了!我们一起痛快喝一场吧。"通过这场酒局,我跟木工师傅进行了一场"敞开心扉"的交流,并成为伙伴。尽管这是我在万般无奈下采取的解决办法,但从这次酒局后的第二天开始,工作进展果然顺利了许多。

马场康夫曾在《"エンタメ"の夜明け》[1]中提到过,当初日本建造迪士尼的时候,最后的一大难题是取得浦安渔夫们的同意,让他们把土地让出来。为了解决这个问题,他们找来当时三井物产最能喝酒的人去谈这件事。在推进项目的过程中,这种有点儿难登大雅之堂的做法有时却是行之有效的。

我并不是在这里宣扬酒场谈事情是必须的,我想说的是,**有时候,我们如果不能展现真实的自己,不能抛开客套与"伪装",与对方诚恳地交流,就无法与对方建立信赖关系。**

我相信没有人会对脾气、秉性都不了解的人产生好感,并认为可以和对方朝着共同的目标共事。

我们首先要站在人与人交往的立场与对方进行沟通,双方的情绪都被调动起来,互相确认拥有共同目标后,双方就能够朝着同一个方向努力了。如果没有坦诚相待这一步,团队就无法很好地合作。

---

[1] 书名直译为《"娱乐"的黎明》。

因此，在项目刚开始的聚会或聚餐上，我绝对不会跟对方谈工作。在完成相铁的项目时，我要跟车厢、涂装、线路等相关的许多专业人士打交道，我会跟他们一起去喝酒，甚至还会通宵唱卡拉OK。在这种场合，我并不会谈工作上的事情，只是想着怎么跟他们愉快地相处。

有序开展工作追求的是高效率工作，是一种将工作程序化并在截止时间前完成所有的工作的做法。如果没有人际关系的支撑，我们仅靠这些技巧是行不通的。在团队中工作时，我们一定不要忘记这一点。

在团队中摒弃上下级关系

请大家切记,在团队中工作,最应优先考虑的是"工作目标"。"这项工作要达到什么样的预期结果"永远都是最重要的。

虽然很多人都认为这是理所当然的事情,但令人意外的是,这件事并没有那么容易做到。

这是因为如果是公司内部组建的团队,人们往往容易优先考虑上下级关系,或者优先考虑部门和部门之间的利害关系。

公司内部和外部联合组建的团队涉及"委托方和承包方"这种特殊的"上下级关系"。

在实际工作中，创意总监往往被大家尊称为"老师"，客户会客气地跟我说"老师，这个项目就拜托给您了"这样的话。这其实类似一种上下级关系，并且会让人感到有些不舒服。我们如果再顾虑"委托方和承包方"的关系，就可能影响工作。

打个比方，如果客户对我说："我们希望提高公司的知名度，希望您能为我们公司设计一个像熊本熊那样的吉祥物。您看看能不能设计一个类似小兔子这样的吉祥物呢？"

这时如果我满脑子都是"对方是客户，我要满足客户的要求"这样的想法，就会答应下来，并回答对方："好的，您要兔子形象的吉祥物对吧？我很乐意接下这个项目。我会尽快做一份设计稿给您。"于是，我便在缺乏自己思考的情况下，完全按照对方的要求去工作。但仅仅设计一个吉祥物真的就能提高该公司的知名度吗？答案显然是否定的。

假如我自认为是"设计界的专业人士，大家敬重的'老师'"，别人都要遵从我的想法，这种独断专行很有可能导致这样的结果：最终的设计成品虽然很有趣，却不被大众接受。

不论是以上哪种情况，都没有发挥团队合作的职能，是典型的反面案例。

虽然我举的例子有些极端，但无论哪个公司、团队，也不管其有多小，都会遇到类似的情况。假如团队中地位最高的人说"我们这样做吧"，其他人只好追随他做事。

我们如果一味地维持团队的良好关系，认为"我要是反对对方，就很难继续相处了"，就会背离工作目标。

在团队工作中，团队成员不论是否在同一个公司、是不是上下级关系、职业是否相同，都必须共享工作目标。

在团队工作中，我们只要分工明确，就能做到有序开展工作。但整个团队如果并没有共同目标，就极有可能走弯路，甚至走错路。

2 团队全体成员朝着同一个方向努力

① 面对工作,甚至是所有的事情,我们都要与他人做出约定,然后朝着约定的方向努力。
② 我们那小小的高傲与自信,不仅不需要,甚至还会干扰我们的工作。

整个团队一起推进工作，就是完成约定

一个团队在工作时，会做出许多约定。

团队中的每个成员都要保证自己被分配到的工作可以在一定时间内完成，这样团队才能发挥职能。

面对工作，甚至是所有的事情，我们都要与他人做出约定，然后朝着约定的方向努力。

我认为，做出"什么时候完成什么事"的约定，并选择最佳路线朝目标前进，就可以称为有序开展工作。

也就是说，有序开展工作并不是工作与人之间的事情，而是人与人之间的事情。希望大家能够理解这个大前提。

正如前文所述,很多人都不会事先确认好截止时间,只是凭着感觉就开始工作了。对于这类人来说,他们只要明白"完成工作并不是单纯地看截止时间,而是和团队里的人做出约定,是人与人的约定"这个道理,就可以避免同样的情况再次发生了。

我们公司里曾有一个员工,他总是没有"截止时间"的概念,仅仅是让他在某月某日某个时间点前将设计初稿交给客户这样一项工作,他都无法按时完成。有时他会冷不防地将方案提交上来;有时在被催促交稿时,他会慌张地说"我还没做完"。

他虽然在工作中没有"截止时间"的概念,但在私下里是一个能遵守约定的人。因此,只要他能够转变意识,工作中的这个问题就能解决。

对于这类员工,我会告诉他们:"如果你们跟朋友约定好几天以后一起吃饭,当天你的朋友在涩谷的烤肉店发短信问你为什么没来,你该怎么办?你可能会说'怎么回事?我们没约一起吃饭吧'。你现在说这项工作没有定下截止时间,不就是想在工作中通过这种方式糊弄过去吗?"我举出类似的例子,他们往往很快就明白我的意思了。

我们要在团队中反复确认我们做过的约定。只有这样,我们才能帮助团队强化"这是人与人之间的约定"的意识。

通过共享,提高工作质量

有些人虽然身处团队中,却总想独自完成工作。比如别人询问进度时,他无法做出明确的答复;而当别人提出可以帮忙时,他却屡屡拒绝别人的好意。

在我看来,一个人之所以想独自完成工作,无非有两点原因:其一,这个人很有自信;其二,这个人不想被别人否定。

充满自信的人因为坚信自己的想法或做法正确,所以认为没必要找别人商量或帮忙。这类人在工作中不会感到迷茫,也不会与他人商量,更不会反思自己的做法,在一意孤行的道路上越走越远。

我认为,不想被别人否定的人是没有自信的人。他们如果在工作中被别人指出错误,就会认为自己整个人都被对方否定了,感到十分受伤。此外,这类人不希望将自己的弱点展现给别人。

不论是上述哪一类人,他们往往都会在事情无可挽回的时候才发现工作中的错误,并给团队造成巨大的损失。

我经常对自己的员工说:"大家不要太过于自信,有时没那么自信反而能更好地工作。"

过度自信与缺乏自信的人都倾向于独自承担工作,但过度自信的人因为工作推进速度较快,所以,当他发现自己走错方向时,已经给团队造成了巨大的损失。

经常有心灵鸡汤类文章说"要相信自己""毫无根据的自信十分重要",但我认为,没有人能够做到什么事都绝对正确,盲目自信并不可取。

在团队中,我们要明白,什么人都会犯错,要敞开胸怀、真诚地接纳别人,卸下"自信"这副防御盔甲,只有这样,才能与别人更好地合作。

在某项工作开始及推进时，我们会与许多人打交道。因此，我们那小小的高傲与自信，不仅不需要，甚至还会干扰我们的工作。

3
真诚的交流能够让团队沟通更顺畅

① 下属在遇到自己无法完成的工作时,应该直接表达出来。

② 我们接到的工作即便很快就能完成,我们也要跟领导确认"这项工作需要什么时候做完"。

有序安排工作时不要"看脸色"

"不过分看别人的脸色""说真心话"是有序开展工作的两个重要的关键词。

我们如果感觉别人说得不对或者没明白别人的意思,就要当场问清楚。这样做能够减少工作中的错误或避免推翻重做的情况。

我们如果觉得自己做不到,就直接说"我做不到",这同样很重要。

我在第一家公司只干了8个月就辞职了。我就职的第二家公司是著名设计公司DRAFT。在DRAFT工作时,我接到的第一个任务就是设计一本56页的小册子。56页的小册子需要的设计量非常大,对于一个只有8个月工作经验、毕业不久的新人来说，根本就是不可能完成的工作。即便如此，领导依然将从与文案撰稿人对接到联系印刷厂在内的整个项目都交给了我。

那时，我即便每天熬夜加班也做不完当天的工作。这时，一个前辈点醒了我："你如果做不到，就要直接说出来。"

这个经验对我整个人生的影响是巨大的。当别人告诉我"你如果做不到，就要直接说出来"时，我才恍然大悟，并懊恼，为什么自己不能更早地说出这件事呢？可能是因为当时我特别想展示自己吧。也就是说，我当时想的并不是工作的事情，而是"如何展示自己"这件事。

还有一个原因是，我默认上司不会交给我"凭我的力量完不成的工作"。然而，当我自己做了上司，我才发现几乎没有上司能够完美地掌握"下属目前在做什么工作，应该交给谁多少工作，下属工作的速度有多快"这些情况。因此，**下属在遇到自己无法完成的工作时，应该直接表达出来。**

是否知道"这项工作应该什么时候完成"

不知道各位读者有没有经历过这样的事情,我们把一项十万火急的工作交给下属,并嘱咐对方要赶紧完成,一天过去后,这项工作非但没有完成,下属还会告诉我们:"不好意思,我实在是太忙了……"

我还是新人的时候,如果上司把工作交到我手上,我就会跟他确认"这项工作要在什么时候做好",或者直接告诉上司"这项工作我能在什么时间前完成"。比如,上司要求我"去书店买相关资料""去买几份拍摄用的牛奶""拍些铁道的照片回来"时,我会这样回答他:"这些事情我无法同时完成。您什么时候需要牛奶?铁道的照片我明天可以去拍摄。"

无论是委托工作的一方,还是接受工作的一方,都很容易忽略"这项工作应该什么时候完成"这个问题。

我如果在处理某项工作时被上司要求去做其他工作，就会开始思考这项新工作是否需要立刻去做。花时间判断"突然插进来"的新工作是否应该立即执行，也是非常重要的。我们如果自己做不了这个判断，就要询问领导。这项新工作如果不着急，即便花费不了多长时间，我们也可以之后再做。

有些人一接到新工作就立刻开始做。比如，当领导要求去买本书回来时，这类人会立刻答应，然后跑去购买。表面上看，这类人工作十分麻利，但仔细想想，这种放弃手头正在做的工作的做法，会导致工作计划被打乱。

我们接到的工作即便很快就能完成，我们也要跟领导确认"这项工作需要什么时候做完"。 如果领导要求立刻做，我们按照要求做即可。我们如果无法立刻执行，就应该告诉领导"请把这项工作交给其他人做吧"。我们应该改掉不加思考就行动的"毛病"。

4

让团队领导更容易
有序开展工作的小技巧

① 我会一边让员工依靠视觉想象,一边以具体的数字激励他们。
② 我们绝对不能嫌"将自己的想法全部告诉对方"这一步麻烦。
③ 我考虑的只有"哪个是正确答案",而不是"我个人觉得哪个好"。

下指示时告知下属所需时间

我在把工作分配给下属时,都会告诉他们"这项工作多长时间就能做完",也就是**在下指示时告知下属这项工作所需时间**。这样做也是在暗示下属,这项工作应该花多大力气完成。

比如,当我告诉下属这项工作需要 10 分钟时,这意味着这项工作"不用做得那么复杂,简单处理一下就可以了";当我告知下属这项工作需要 5 小时时,这意味着这项工作必须花大力气认真完成。如果下属最终完成这项工作的时间与我告知他的所需时间差异很大,就说明下属的工作方式可能出了问题。

这就好比我们要求别人做一份咖喱饭,是"只要 10 分钟就能做好的速食咖喱",还是"需要花 2 天时间慢慢炖的咖喱"呢？如果我们不明确告知别人，别人就无从得知。因此，接到工作的一方需要询问"这项工作需要多长时间"，而指派工作的一方应该明确告知所需时间。

我还养成了"依靠数字思考"的习惯。平时我在考虑市场规模或者营业额等问题时，都会依据数字或金额思考。

设计不仅追求视觉效果，还需要依托数字。比如，这里需要几毫米，那里要设计成几厘米等，在设计过程中，一定会使用数字。这样想来，我们或许可以凭借"设计思维"去思考任何事物。

我在鼓励自己的员工时不会使用"加油"这种笼统的说法。我一般会说得非常具体，比如"要努力在 × 年后做出这样的成就""你也想在 × 岁时获得设计界的新人奖吧""如果是你的话，再有 × 年肯定会成功，为了达成这个目标你最好……"。

我会一边让员工依靠视觉想象，一边以具体的数字激励他们。这样一来，他们就能以更明确的方式去努力了。

通过商量，提高工作效率

为了高效工作，我们公司 Good Design Company 采取了许多策略。其中之一便是增加"商量"的频率。

以前，我们公司相信员工的自主性，将工作交给员工后就放手让他们去想办法完成。虽然员工并不会因此偷懒，都很努力地在完成工作，但由于我放任不管，他们会在工作中遇到种种问题，经常需要将工作推翻重做。

于是，我们公司开始以更短的时间间隔，跟员工商量工作进度，也就是**将这种"商量"看成工作的一道程序**。

通过这种"商量"，我们能够了解员工在什么地方遇到了问题，或者帮助他们确认截止时间等，并当场给出建议和帮助，工作效率由此得到了大幅提高。

上司如果过多插手，就会导致员工失去干劲儿。因此，我觉得上司与下属在明确目标的基础上，只需要商量好这项工作的几个关键点即可。

虽然我的身份是公司老板、上司，但在下属看来，找我商量事情有利于提高工作效率，不但"**应该做的工作**""**所需时间**""**截止时间**"等不会出问题，而且工作质量也会得到相应提高。

我年轻的时候曾对接过一个客户，无论我提出多么有信心的方案，对方都不认可，并要求我重做。那时，我会精心准备每个方案，认真安排每项工作，因此每次被要求重做方案都会浪费我许多时间。更让我懊恼的是，即便提出的方案已经是我认为的最佳方案了，对方依然会毫无根据地否定。

于是，我采取了这样一个应对策略——多找对方商量和报告。

比如，我如果在准备方案的过程中获取了新知识，就会告诉对方"我弄明白了一件什么样的事情"；想到了新创意，也会跟对方商量"这样做没错吧"。

我将自己要做的事情、预测的事情全部都跟这位客户一起完成,这样便成功地将对方拉到了自己的阵营里。

这期间虽然我想到的方案也是我自己完成的,但对方不再毫无根据地否定了。我甚至认为,可能让对方误以为"这个方案不是水野学完成的,而是我完成的"更好。

这样看来,把上司和客户拉到自己的阵营里,会使工作更容易开展。我们不仅可以和对方商量设计方案,还可以商量工作安排。

我们可以跟对方商量的事情有很多,比如以下这几种:

"这个项目应该做的事情为从 A 到 H,但我认为,最好能做到 J 的程度,不知您的意见如何呢?"

"科长,我觉得这项工作需要一个星期的时间来完成,您看看我这样安排时间是否有不合适的地方呢?"

"我打算在开会的3天前把这份会议资料交给部长过目,您觉得来得及吗?"

……

通过这种商量,我们就能够和上司、客户共同完成工作了。

确定所需时间,将要做的工作放入"时间盒子",确定工作的方向是否正确等,我们都可以和上司或客户一起完成。

在有序安排工作时,最重要的就是与拥有最终决定权的人共享想法。我们如果能够灵活运用这种商量的做法,就能够大大提高成功的概率。

在团队中,如果你的身份是队员,你就不应该勉强自己独自完成工作,应该不断与团队领导商量。如果你的身份是团队领导,你就应放弃"将工作交办给下属的领导更受欢迎"这种思想,积极地参与到具体的工作中。

无论是上司还是下属,都不是完美的,团队合作就是要大家齐心协力地近乎完美地完成工作。

避免个人主义的表达

最后,我还想再说明一点。

有些人会担心,如果这样"一边(与对方)商量一边推进工作",是不是就无法按照自己的想法做事了?

比如,自己原本认为朝着 A 的方向去做更好,客户却要求自己朝 B 的方向做。这时如果是我会怎么做呢?我绝对不会盲目听从客户的要求。

首先,我会找到"不选 B 而要朝 A 方向前进"的理由,然后,有理有据地向对方解释。**我们绝对不能嫌"将自己的想法全部告诉对方"这一步麻烦**。为了将自己的想法很好地传达给对方,我们最好平时就训练自己将想法用语言表达出来的能力。

我们公司禁止员工使用"没什么理由,我就是感觉这个好"这样的说法,所有的想法都要用语言准确地表达出来。比如,当客户问到"为什么觉得这个设计好"时,员工不能回答"莫名地感觉很帅气",而是要做出"这个设计有一种大都市才有的干练感,给人的视觉感受很帅气,我认为更符合这个项目的理念"这样具体的回答。

我之所以会这样详细地解释,并不是因为我执着于 A 这个方向。"我就想这样做"这种说法具有个人主义,我是不会用这种话说服客户的。

我考虑的只有"哪个是正确答案",而不是"我个人觉得哪个好"。因为,比起自己,工作的地位更高。所以,我应该选择对完成这项工作来说最有利的那个选项。

我向对方妥协,一般都是因为对方的方案更合适。如果对方的方案在我看来"不能提高销售额""无法顺利开展",我是绝对不会妥协的。

后记 / Epilogue

你的工作会给别人带来幸福

本书为大家介绍了尽快地高质量地完成工作的方法。在这些方法中，如果有人问我："你觉得哪个最重要？"我会回答："是想象。"

A方案和B方案你会选择哪一个？在遇到这个问题时，我会充分发挥自己的想象力。

"如果这时选了A，10年后就会变成这样吧。"

"如果选了B，大家会做出这样的反应吧。"

"或许最佳方案既不是A也不是B。"

……

遇到问题时，我会最大限度地发挥自己的想象力去描绘未来。

在设计熊本熊的时候,我想象的是"如果用这样一个吉祥物来宣传熊本县的话,肯定非常有意思"。我脑海中浮现的是熊本熊欢快地跳着舞,逗得小孩子们开心大笑的情景。

在考虑相铁车厢选用什么颜色时,我想的是什么颜色能体现"雅致",并能让人们感到"安全和安心"。那时,我的脑海中描绘出了一幅"电车的行驶为沿线的居民带去幸福"的画面。再加上,相铁将来还会在涩谷站通车,所以我还考虑到这个颜色不能跟其他电车"撞色"的问题。

一直以来,我都会在大脑中设想时间、季节、场景,一边想象,一边推进工作。

无论面对什么样的项目,我总是会思考一个问题:怎么做才能让这个世界变得更好。

那么,面对眼前的工作,我们如何做才能改变世界呢?一个人只要花点儿功夫、费点儿心思,就能让工作发生变化,并且有可能改变世界。

如今的经营模式经常让我感觉"仿佛穿越回了江户时代"。

以前的商业模式中有企业、有消费者,他们中间还有广告代理商以及电视台等大众媒体,市场是间接运转的。

但现在随着网络的发达,特别是SNS(社交网络服务)的兴起,顾客和企业能够直接对话了,甚至顾客和生产商也能直接沟通。

"客人,这个很好吃哟,不买来尝尝吗?""看着不错啊,那我买两个吧。"

"这个很便宜哟!""嗯,确实便宜,我考虑一下。"

这样的对话场景,曾发生在江户时代的商贩和顾客之间。

江户时代的商业模式,在如今网络发达的时代又以"升级版"的形式重现。

为了将商品做得更好,企业的每一个人都付出了努力,想尽办法吸引顾客。每一件商品的包装、陈列方式等细节都经过了精心的设计。在如今的这个时代，这些已经成为工作中很重要的部分。

某家公司可能因为某个员工的一时"失言"而形象受损；反之，也有可能因为某个员工出色的服务而提升形象。

在这个时代，你只要认真踏实地工作，就能扩大影响力。

一个人的力量可能是微小的，也可能影响周围，甚至撬动世界。

有一种现象叫作"蝴蝶效应"，一只小小的蝴蝶振动翅膀就会引起连锁反应，改变世界。

连一只小小的蝴蝶都能给世界带来影响，何况是人类呢？我们做的事情很有可能会改变世界。

所有事物的开始都依托于想象的力量。约翰·列侬为世人留下了《想象》(*Imagine*)这首歌。

在工作中，最重要的正是想象力。我们要想象眼前的工作如果认真完成，能让多少人开心，要想象手头的工作如果更用心完成，能让多少人幸福。我们正是依靠想象的力量，出色地完成工作的。

WORDS公司的竹村俊助试探性地问我："你不打算写一本有关有序开展工作的书吗？"我虽然认为这是一个非常重要的话题，却没有能将这个话题写成一本书的自信。于是，我曾一度拒绝了他。但写完这本书后，我发现自己收获颇丰。

有序开展工作并不是单纯为了推进工作的表面技巧，它能够帮助我们改变自己对待工作的态度，还可以使我们的工作更有趣。在这里，我要向一直在我身边提供帮助的竹村先生致谢。

本书的编辑青木由美子女士、Diamond社的和田史子女士也为我提供了许多帮助，我在此向二位表示诚挚的感谢。

此外，我还要感谢为我的书稿提供了无数灵感的妻子，看似不在意实则很关心我的书卖得好不好的儿子，还有一直与我愉快共事的公司员工们。非常感谢大家！

最后，我衷心希望本书的读者能够愉快、充实地度过每一天。

水野学
2018 年 10 月

指南针
负责指北   为自我成长指明方向

《不要只问结果：如何打造一支灵活应变的团队》

让你的团队扛得住风险，无惧瞬息之变

松下集团、朝日新闻等知名日企管理者都在实践的管理技能

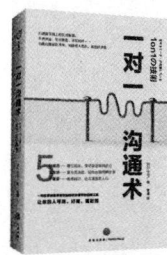

《一对一沟通术》

世界 500 强企业都在用的省时高效沟通术

让你的人可用、好用，更耐用

《为什么你总是半途而废》

致做什么事情都行动不起来，坚持不了多久的你

不拼个人意志力，也能轻松把事干完、干爽、干漂亮

《一切从目标开始》

多件事同时进行，如何让每件事都顺利落地？

熊本熊之父首次公开零压力零返工的程序化工作法